U0910412

华夏文库·儒学书系

直道而行

孟子和荀子

张城　著

大地传媒　中州古籍出版社

《华夏文库》发凡

毫无疑问，每一个时代都有属于自己时代的精神追求、文化叩问与出版理想。我们不禁要问，在21世纪初叶，在全球文明交融的今天，在信息文明的发轫初期，作为一个中国出版人，我们正在或者将要追求什么？我们能够成就或奉献什么？我们以何种方式参与全球化时代的文化传播进程？在一连串的追问下，于是，有了这套《华夏文库》的出版。

自信才能交融。世界各大文明在坚守自身文化个性的同时，不约而同地加快了探视其他文化精神内涵的步伐，世界不同文明正在朝着了解、交流、碰撞、借鉴与融合的方向前进。在此背景下，建立自身的文化自信，正是与世界各文明民族进行文化交流的基本要求。五千年中华文明与文化正在不断地被其他文明所发现、所挖掘、所认知，汉语言正在生长为世界语言，儒文化正在世界各地生根发芽。

借助这样一种正在成长着的文化自信、自觉、开放、亲和之力，用我们这个时代的学术眼光全面系统梳理中华五千年的文明与文化，向其他各大文明与文化圈正面展示自我，让中华优秀文化成为世界文化的重要组成部分，正是我们出版这套文库的目的之一。此其一。

知己才能知彼。身处五千年文化浸润的今天，重新思考我们先人的人生思考、价值思考与哲学思考，找到一个民族、一个国家的价值所在、立命所在、安身所在，这已经是我们这个时代的学人与出版人不得不再思考的问题。作为中华文明的一分子，我们在思考的同时，还必须了解我们的先人创造了如何优秀的精神文明与物质文明以及社会文明。只有熟知自己的文化，热爱自己的文化，悟明自己的文化，我们才能宣说自己、弘扬自己、光大自己。因此，我们策划组织这套《华夏文库》的初衷，还在于让当下的知识青年全面系统瞭望中华文明与文化的全景，并借此能够对更为深广的世界各民族文化提供一个比较认知的基础。此其二。

顺势才能有为。我们正处在农耕文明、工业文明、信息文明的交汇处，信息文明带领我们从读纸时代进入读屏时代，以智能手机屏幕为代表的书籍呈现方式正在与纸质书籍争夺阅读时间与空间。我们正在领悟数字技术，正在以信息文明的视角，去整理、分析和研究农耕文明与工业文明的文化遗产，不仅仅是为了唤醒优秀的传统文化，我们还在生发和原创着当今时代的文化。由此，我们试图架起一座桥梁——由纸质呈现而数字呈现，由数字呈现而纸质呈现，以多媒介的书籍呈现方式，将文字、图像、声音与视频四者结合，共同筑成《华夏文库》以奉献给信息文明时代的新读者。此其三。

总之，这是一套——专家大家名家写小书；以最小的阅读单元，原创撰写中华精神文化、物质文化与社会文明系列主题与专题；以图文、音视频多媒介呈现的方式，全面介绍与传播中华文明与优秀文化，系统普及与推介中华文明与文化知识；主旨是为了让世界与中国共同了解中国的——大型丛书，借此，复兴文化，唤起精神，融入世界。

耿相新

2013 年 6 月 27 日

目 录

◎ 下篇　荀子

◎上篇　孟子

孟子，一个在中国家喻户晓的人物，儒家的亚圣，继孔子之后的又一位跨时代的大思想家。在中国的传统文化中，特别是在儒家文化中经常“孔孟”并提，说明其地位之重要，亦说明其学说与孔子的内在联系。孟子平生以学孔子为其志愿，“乃所愿，则学孔子也”。他在许多方面发展了孔子的学说，在儒学史上树起了又一面旗帜。孟子的思想对后世产生了很大的影响。如果说，孔子更多的是用对话体的格言表达他的思想，那么，孟子就已经有很多长篇大论了。在战国时期的“百家争鸣”中，孟子以“好辩”而著称，他不仅是一位雄辩家，而且还是一位散文家，他的文章真的很美。孟子很自信，亦很自负，大有“天降大任”“舍我其谁”的抱负。和孔子一样，孟子的抱负没有能够在现实世界中实现，但他为后人留下了一大笔宝贵的精神财富。

一 家道中落与立志成圣

孟子出身于鲁国贵族，鲁国晚期烜赫一时的孟孙就是他的祖先。孟孙与叔孙、季孙齐名，合称“鲁国三桓”，为鲁国晚期实际的执政者。但孟子出生时，他的家族已趋没落。春秋晚期的大混乱，使他们的家族渐趋式微，被迫从鲁迁往邹；再以后，历事维艰，到孟子幼年时，只得“赁屋而居”了，颇可看出孟子幼年生活的艰难。

曲阜鲁国故城

鲁国，周朝的同姓诸侯国之一。姬姓，侯爵。周代商后，武王发封其弟周公旦于少昊之虚曲阜，是为鲁公。国都曲阜，历时 900 余年

1. 孟母教子与一代圣贤

关于孟母教子，在历史上已成美谈。这里我们引述古人在《韩诗外传》和《列女传》里的几个极为生动的故事，可以一窥母教对孟子一生的影响。

邹城孟府

山东邹城孟府，是孟子后人居住之所。元至顺元年（1330 年）封孟子为邹国亚圣公，自此孟府也被称为亚圣府

第一个就是三迁择邻的故事。孟母对孩子的教育环境要求极为严格。孟子儿时家附近是一片墓地，孟母发现儿子受到了不良环境的影响，就迁到了一个“日中为市”的交易集市。市场上行商坐贾，拍卖喧闹，孟母忐忑不安，再次迁居到学宫旁，这里常常有读书人来往，对孟子产生潜移默化的影响。孟母内心深处大为高兴，认为这才是孩子最佳的居住环境。

孟母三迁石刻

此石刻在山东邹城孟庙。孟母（？～公元前317年），即孟子的母亲仉氏，以教子有方著称，留下了“孟母三迁”“断机教子”等佳话

孟母三迁以后，有了良好的居住环境，孟母又特别重视孩子的学习态度。孟子对学习漫不经心，孟母用织布来比喻学习，用断织来比喻废学，使孟子受到极大的刺激，从而改变废学积习。这就是断机喻学的故事。

同时，孟母还注重把孩子培养成一个言而有信的君子。当孟子看到邻居杀猪，不解地问母亲：“邻家杀猪干什么？”孟母当时正忙，便随口应道：“煮肉给你吃！”孟子十分高兴，等着吃肉。为了不失信于儿子，尽管家中十分困难，孟母还是拿钱到东边邻居家买了一块猪肉，让儿子吃了个痛快。这便是杀豕不欺子的故事。孟母深知做人

《孟母断机教子图》

清康涛绘，北京故宫博物院藏。画面右上方作者以楷书题述了《列女传》中孟母三迁择邻、断机教子的内容，画面下方描绘了孟母断机教子的情景

要诚实，所谓“言必信，行必果”，而且她深深知道身教重于言传。

这些故事是否真实已不重要，因为它们已经具有真实的历史影响。在《孟子》中，孟子从未说起过自己的父亲，但对母亲则感情极深。孟母对孩子的教育，对孟子养成良好的学习态度、形成君子人格和一生忧国忧民的圣人理想有极大的影响。

孟母林

位于曲阜城南 13 公里的凫村，是孟子父母的合葬地。后人认为孟子成名，在很大程度上是孟母三迁教子之功，故此林地被称为“孟母林”，孟子死后，其后世子孙亦结冢葬于此地

2. 入学圣门与立志救天下

孟子生活的时代，群雄逐鹿中原。而孟子的经历与孔子极为相似，他满怀理想，周游列国，四处碰壁后回到家乡著书立说。所以他对孔子及其所承担的传统有着非常强烈的认同。孟子认为，孔子是百世之师，是最伟大的圣人，认为“自生民以来，未有盛于孔子也”。孟子虽然师承子思的弟子，但当孟子的弟子公孙丑问他以哪一位孔门弟子自居时，孟子似乎不屑回答，说：“我们暂时不谈这个。”公孙丑又问他如何评价伯夷、伊尹和孔子。他说：“伯夷、伊尹不能和孔子比肩，自从有人类以来，没有人比得了孔子。”可见孟子虽然师承子思的弟子，但还是以孔子弟子自居的。

孟子继承和发展了孔子的思想，把伦理和政治紧密结合起来，强调道德修养是搞好政治的根本。他说：“天下之本在国，国之本在家，家之本在身。”后来《大学》提出的“修齐治平”就是根据孟子的这种思想发展而来的。同时，孟子把孔子的德治思想发展为仁政学说，成为其政治思想的核心。他一生周游列国，规劝时君，想把“仁政”

思想的原则运用于政治，以缓和当时社会的阶级矛盾，救天下之人于水火之中，希望通过有德行与能力的君主实现天下的一统，使天下人都过上和谐稳定的幸福生活。

3. 周游列国与游说诸侯

与孔子一样，孟子生命中很大一部分时间都是在旅途中度过的。孟子初次到齐国，约在齐威王二十八年（公元前 329 年），恰逢齐威王立稷下学宫纳贤。孟子慕名来齐，本打算通过齐威王来实现自己的理想，以德服人，施行仁政，反对战争。而齐威王对孟子的主张并不感兴趣，一心想用武力统一天下，争霸中原。两者政见不同，所以孟子没有受到齐威王的重用。

孟子离开齐国后，听说宋国要实行仁政，便率领弟子前往宋国。孟子看到宋国对实行仁政缺乏诚意，并不能按照自己的主张去做，于是离开了宋国。

孟子离开宋国后，约在公元前 323 年回到家乡邹国。这一年，鲁平公起用孟子的弟子乐正子。孟子认为乐正子爱好善言，对自己仁政理想的实现会有帮助，于是来到鲁国。在乐正子的举荐下，鲁平公打算接见孟子，但臧仓却以孟母葬礼的排场超过孟父为由从中阻挠，使孟子的仁政计划再次落空。

稷下学宫

稷下学宫，又称稷下之学，战国时期齐国官办高等学府，始建于齐桓公。稷下学宫在其兴盛时期，曾容纳了“诸子百家”中的几乎各个学派，汇集了天下贤士多达千人，成为当时各学派荟萃的中心，集中体现了战国时期“百家争鸣”的状况。荀子作为学宫的负责人，对稷下学术进行了全面的批判总结，将诸子学术推向高潮，成为战国诸子学术的真正总结者

滕文公嗣位后，孟子便来到滕国。滕文公对孟子十分敬重，将其馆于上宫，凡事都要请教于他。作为一个开明的君主，滕文公对孟子是尊敬的，而作为君主信任的臣子，孟子却有些“迂远而阔于事情”（意思是说孟子的主张与当时的社会现实相差太远，不切实际）。当滕文公问孟子“滕，小国也，间于齐楚，事齐乎？事楚乎”时，孟子只是说了些君民上下同心、与国家共存亡之类务虚不务实的话，让滕文公颇感不满。孟子在滕的处境颇有些尴尬，为实行仁政而付出的努力再次落空。于是，孟子离开滕国来到魏国。

孟子来到魏都大梁时，在位已 50 年的梁惠王已经 70 岁左右了。对于孟子的到来，梁惠王寄予了很大的希望。孟子在魏期间，虽然受到梁惠王礼遇，但其主张并未得到采用。到魏的第二年，梁惠王卒，襄王即位。孟子离开魏都大梁。时值齐宣王初立，努力复兴稷下之学，于是孟子又到了齐国。

齐宣王喜爱文学游说之士，孟子深受礼遇，被聘为客卿。齐宣王想效法齐桓公、晋文公称霸，并就此询问孟子。孟子则以“仲尼之徒无道桓文之事者”为由加以推托，然后大讲“保民而王”和“制民之产”的道理，劝宣王实行“王道”仁政。可是宣王不听，这也使孟子在齐国实现仁政的理想彻底破灭。于是孟子便结束了 20 多年的游历，大约在公元前 311 年，返回自己的故乡邹国。

4.“得天下英才而教育之”
——聚徒讲学著书

孟子认为君子有三乐，最后一乐即是“得天下英才而教育之”，他深知自己的主张在当世已没有实现的可能，要想让自己的学术思想

孟子
梁惠王
孟子見梁惠王王曰叟不遠千里而來亦將有
以利吾國乎孟子對曰王何必曰利亦有仁義
而已矣王曰何以利吾國大夫曰何以利吾家
士庶人曰何以利吾身上下交征利而國危矣
萬乘之國弒其君者必千乘之家千乘之國弒
其君者必百乘之家萬取千焉千取百焉不爲

《孟子》

我们今天所见的《孟子》共7篇，每篇分为上下，共260章，约35000字。与《论语》一样，《孟子》是以记言为主的语录体散文，但《孟子》有许多长篇大论，气势磅礴，议论尖锐、机智而雄辩。《孟子》对后世的散文写作产生了深刻的影响

流传到后世，就必须广招天下英才，使之受教，传承自己的思想，影响后世。孟子回到故乡后，便与万章之徒，序诗书，述仲尼之意，作《孟子》7篇。

邹城孟庙

孟子的故乡今山东邹城市古称“邹鲁圣地”，是中国儒学的发源地，夏代属九州中的徐州之域，秦朝开始设置“驺县”，历经汉、晋、南北朝，及唐初改“驺”为邹，称邹县，沿袭至1992年

5. 身后之殊荣

孟子是中国儒家最主要的代表人物之一，他的思想对后世影响很大，但他的地位在宋代以前并不是很高。自韩愈的《原道》将孟子列为先秦儒家中唯一继承孔子“道统”的人物开始,出现了一个孟子的“升格运动”,孟子的地位才逐渐提升。北宋神宗熙宁四年（1071 年），《孟子》一书首次被列为科举考试科目之一，之后《孟子》一书升格为儒家经典。南宋朱熹将其与《论语》《大学》《中庸》合为“四书”。元朝至顺元年（1330 年），孟子被加封为“亚圣公”，以后就称“亚圣”，地位仅次于孔子。其思想与孔子思想合称为“孔孟之道”。

孟子墓

孟子墓位于孟子林内。孟子林亦称亚圣林，是埋葬孟子及其后裔的家族墓地，位于邹城东北的四基山西麓。高大的土冢绿草如茵，墓前有螭首龟趺巨碑，上书“亚圣孟子墓”，清道光十四年（1834 年）重建

二 列国争雄，诸子百家竞起

孟子生活在战国中期，这是一个兼并战争频繁和社会大变革的时代。经过魏、赵、韩三家分晋和田氏代齐之后，秦、魏、赵、韩、齐、楚、燕七雄并立已成定局。此外，在洙水、泗水流域还有宋、鲁、卫、邹、滕等小国，南方有越、巴、蜀等国。同时，铁器、牛耕的出现，大大促进了社会经济的变革，文化思想上也出现了“百家争鸣，诸子竞起”的繁荣景象。

1.“兵革不休，列国争雄”

与战国初期相比较，战国中期在政治、经济、文化思想方面都有进步和发展。但战国中期战争十分频繁，给民众带来了深重的灾难，使他们处于水深火热之中。这是中国社会形态发生剧变的时期。这时的社会，“上无天子，下无方伯；力功争强，胜者为右；兵革不休，诈伪并起”。春秋时代还有大大小小100多个国家，经过长期的混战，这时已基本合并为秦、齐、楚、魏、赵、韩、燕七国。争战的必然结果，是由分裂走向统一。

一方面是连绵不断的战争，民众挣扎在死亡线上；另一方面是统治者享乐腐化，过着花天酒地的生活。正如孟子所说，当时的人们“仰不足以事父母，俯不足以畜妻子，乐岁终身苦，凶年不免于死亡”（《孟子·梁惠王上》，以下凡引《孟子》只注篇名）。而统治者却是“仓库里装满了粮食，库房里放满了钱财和珠宝”。一方面是“民众面有饥色，野外到处是饿死者的尸体”，而另一方面却是“厨房里放着膘肥美味的肉，牲口圈里养着健壮的马”。然而统治者对民众的苦难视而不见，不闻不问，因此孟子说：“统一天下的贤德君主不出现，在历史上没有比这更长久的了；民众受暴虐政治的折磨，没有比这时更厉害的了。”

为了在争战中获胜，进而一统天下，战国七雄此时掀起了变法运动的高潮。魏国率先变法，李俚“尽地力之教”，编著《法经》，强调保护私有财产，限制旧贵族的特权。吴起在楚国执政，将魏国的变法运动带到了楚国。申不害在韩国为相，实行改革。齐国则任用邹忌，推行法家政策。但影响最大、最为彻底的则首推商鞅在秦国的变法。这些竞相进行的变法运动，给传统势力以致命打击，为新的社会生产方式的迅速发展扫清了道路。郡县制开始取代分封制，俸禄制开始取代世禄制，一家一户为单位的新的生产方式正逐渐取代井田制。随着国家奖励耕织、奖励军功政策的实行，新兴的军功阶级开始出现在国家的政治、经济舞台上。这一切，又刺激了社会生产力的飞速发展。

2. 铁器、牛耕与经济繁荣

战国中期的生产有相当发展，从《孟子》一书的记载来看，有“以铁耕乎”，这反映了当时农民已经使用铁农具进行生产了。还有“深耕易耨”之说，反映了生产技术比从前有大的改进。又有“百亩之粪”之说，可见当时对农作物施肥的办法已经比较普遍。休耕轮作也出现了。

战国铁斧范

战国中期以后，铁器普遍应用到社会生产和生活的各个方面，在农业、手工业部门中已占据主要地位。楚、燕等地区的军队，装备基本上也以铁制武器为主。图中的铁斧范据检测为含碳 3.82% 的标准白口铁，说明是采用液体生铁铸造的

随着农业发展的需要，水利事业也有了进步，西门豹渠、郑国渠、都江堰等水利工程相继兴建。而水利灌溉系统的兴建，又促进了农业生产的进一步

发展。农业的单位面积产量有了显著的提高。农业的发展也促进了手工业的发展，手工业技术也大有提高，独立的手工业者比战国初期更多了。郭纵、猗顿等就是因经营手工业而“富与王者同”的，在农村“男耕女织”的现象相当普遍。

与农业和手工业的发展相适应，商业也向前发展了。大商人白圭等牟取暴利成为巨万富翁，商人垄断市场的现象在《孟子》中已有记载。由于商业的发展，城市大量兴起。临淄、大梁、邯郸和咸阳都是当时的大都市。

3. 百家争鸣，诸子竞起

在文化思想方面，战国中期是诸子“百家争鸣”的极盛时期。继以鲁国为中心的儒墨显学之争后，一度出现了儒、墨、杨（朱）三家鼎立的局面。

另一方面继魏文侯礼贤，以孔子的弟子子夏为中心而形成的西河之学后，齐威王在齐国都城临淄的西城外建立了稷下学宫，几乎容纳了当时“诸子百家”中的各个学派，其中主要有道、儒、法、名、兵、农、阴阳诸家。稷下学宫在其兴盛时期，汇集了天下贤士多达千人，其中包括著名的学者如孟子、淳于髡、邹衍、田骈、慎到等。当时凡到稷下学宫的文人学者，无论其学术派别、思想观点、政治倾向以及国别、年龄、资历等如何，都可以自由发表学术见解，从而使稷下学宫成为当时各学派荟萃的中心。这些学者们互相争辩、诘难、吸收，成为真正体现战国“百家争鸣”的典型。

更为可贵的是，当时齐国统治者采取了十分优礼的态度，封了不少著名学者为“上大夫”，并“受上大夫之禄”，即拥有相应的爵位和俸养，允许他们“不治而议论”，“不任职而论国事”。因此，稷下学宫具有学术和政治双重性质，它既是一个官办的学术机构，又是一个官办的政治顾问团体。在中国几千年历史中，稷下学宫学术氛围之浓厚、思想之自由、成果之丰硕，都是独一无二的，可以说是先秦学术思想繁荣的集中体现。

三 性善——仁政：儒者治国的典范

孟子平生以学孔子为其志愿，“乃所愿，则学孔子也”。他在许多方面发展了孔子的学说，在儒学史上树起了又一面旗帜。

1. 孟子的“仁政”学说

孟子的“仁政”是孔子“仁”的学说在政治、经济各方面的延伸，又是孔子“为政以德”政治思想的继续和发展。

“仁政”的基本原则
——“民贵君轻”

从“仁”出发，孟子提出了著名的“民贵君轻”的学说。他说：“民为贵，社稷次之，君为轻。”这里，“民”是与“君”相对而言的，意即老百姓。《梁惠王下》说：“此无他，与民同乐也。今王与百姓同乐则王矣。”这里“民”与“百姓”一词是同义语，可以互换。孟子强调“民”的重要，认为“民”是政治的基础，因此，“天子”要把君位让于某人，也要“民”的接受才行。孟子说：“得乎丘民而为天子。”“丘民”就是老百姓。孟子认为国君对于老百姓必须施行“仁政”，“与民同乐”，才能得到老百姓的拥护，而对不实行“仁政”的暴君，可以流放，甚至可以诛杀。如周武王讨伐残暴的商纣王，就是诛一独夫，并不是弑君。孟子看到了人民的力量不可忽视，认为统治者只有得民心才能巩固自己的统治。他指出，历史上的亡国之君之所以亡国，都是由于失去了民心，因此他提出“民贵君轻”，企图缓和激烈的社会矛盾。

孟子“民贵君轻”的提出，继承了西周以来“重民轻天”的思想。在战争年代，统治者多少察觉到了人民在战争中的作用。春秋时韩献子就说过：“无民孰战。”孟子进一步看到了得民心的重要性。他说：“得天下有道：得其民，斯得天下矣。得其民有道：得其心，斯得民矣。”如果人民生活过于痛苦，超出了不能容忍的限度，就会“铤而走险”，从而威胁到统治者的根本利益。

“仁政”学说的具体措施

孟子仁政的学说不是空谈，实行仁政必须要有具体的措施，孟子构想了自己的措施，主要是通过以下几个方面来进行的。

船形彩陶

陕西宝鸡市北首岭仰韶文化遗址出土，陶壶壶身两侧均画有渔网纹。从同时出土的文物看，仰韶人已开始把渔猎作为获取食物的一种手段。从审美的角度看，其古朴的造型又难免使人发思古之幽情

“制民恒产” 孟子认为，要使人民的生活达到“仰足以事父母，俯足以畜妻子；乐岁终身饱，凶年免于死亡”的小康水平，首先就要满足农民对土地的要求。但是战国中期，土地兼并激烈，农民丧失土地的现象已很普遍。在孟子看来，这是很危险的。因此，他认为必须“为民制产”，使

农民占有恒产。他主张实行井田制，不过似乎只主张施行于滕这样的小国。至于齐、魏等大国他从未提到井田，只说给农民百亩之田、五亩之宅。这与荀子主张一户农民“五亩宅，百亩田”是完全一样的，与李悝所说“今一夫挟五口，治田百亩”也是一个意思。这在当时，是社会的一般情况，并非孟子所独创。我们认为，孟子在滕主张的井田，是经过他改造过的一种封建的土地国有制。他主张由封建国家按井田形式把土地分给农民。他把井田想象为“方里而井，井九百亩，其中为公田，八家皆私百亩，同养公田”。农民所私的百亩是恒产，就是说，这块土地是不能买卖的。孟子的井田是适应小农特点的生产和政治机构统一的基层组织。

“不违农时”　孟子认为统治者征用兵役、徭役要不误农时，使农民能按农作物的生长时令来进行生产，以提高农业产量，并提出了具体措施。在《梁惠王上》中有相应的记载，他反对用细密的渔网来捕鱼，主张要按林木生长的时令来采伐林木。这说明，在2000多年之前，孟子已经认识到，人类赖以生存的自然资源是有限的，资源的再生也是有限的。在今天说，这是全球所关注的“保护生态平衡”的认识。他还主张必要时对困难者给予补助，做到“春省耕而补不足，秋省敛而助不拾”，即统治者要了解生产情况：春耕春播之时，对耕种有困难的要适当补助；秋收之后，不要过重收敛，对生活上不能维持最低水平的应给予帮助。

“关市讥而不征”　孟子主张“薄其税敛”，即减轻租税。他虽然也主张设立关卡，但不向往来的商贾征重税，具体地说，他主张征收“什一之税”，即十分抽一的税制。农民交土地税则采用劳役地租，即“九一而助”，八家共耕百亩公田。除此之外的苛捐杂税通通废除。他还认为，当时的布缕、粟米、力役，应当按季节分别征收，一次只收一种。不过，当有人提出二十分抽一的税时，他就表示反对了。孟子对商人主张“市廛而不征，法而不廛”，即在市场上为商人提供存放货的地方，而不收商品税，按规定的价格收购滞销的货物，使之不长期积压。所有的关卡都不抽税，只负责纠察。

孟子的这种主张是针对当时各国统治者横征暴敛而提出的。它是一种缓和矛盾的措施，对生产发展有一定的积极作用。孟子对商业税的主张，有利于新兴商人阶层。由于商业的发达，商人势力不可忽视，统治者在政治上要得到商人的支持，就不得不提出对他们有利的政策。同时，孟子在当时实物地租比较普遍的情况下，还主张助法，即劳役地租，这就表现了他落后和保守的一面。

“省刑罚”　孟子主张“省刑罚”“罪人不孥”，即减轻刑罚，犯罪的人不连累妻室儿女。他提出当时人犯法的原因，是衣食不足，无业可守。这样他们救死不遑，哪有工夫去讲礼义呢？因此，他认为如果使家家的粮食都像水那样不缺乏，老百姓哪有不仁的呢？当时人犯法是由统治者造成的。这种主张与《管子》“仓廪实，则知礼节；衣食足，则知荣辱”的思想有类似之处。

主张教育　孟子认为教育人民是防止所谓“犯上作乱”的重要措施。他的教民措施主要在于提高人民的道德水平。他主张“设为庠序学校以教之”，教育的内容是“明人伦”，即“申之以孝悌之义”，教之以“父子有亲，君臣有义，夫妇有别，长幼有序，朋友有信”。只要“人伦明于上”，则必然“小民亲于下”，这样，封建等级制度就巩固了。

2. 仁政的形而上根据
——“孟子道性善”

性善论是孟子思想中一个十分重要的部分，据《滕文公上》记载，滕文公即位之前，以世子的身份出使楚国，路过宋国会晤孟子。“孟子道性善”，对世子大谈“性善论”。世子从楚国返回，再次会晤孟子。孟子又说：“世子疑吾言乎？夫道一而已矣。”“道”指的是孟子的思想体系，“一”即一以贯之。孟子自认为贯穿在他的体系之中的是“性善论”。可见“性善论”在孟子思想中的重要地位。

性善论的提出：与告子的争论

孟子开始谈论人性问题，是由告子的驳难引发的。告子是中国思想史上最早给人性下了定义的思想家之一。他的人性论思想引起了孟子的深刻思考。告子人性思想的内容，归结起来，大致有三：第一，告子给人性下了一个明确的定义，他认为“生之谓性”。第二，他又进一步阐明了人性的含义：“食、色，性也。”由此，他又得出第三点认识："性无善无不善。"为了证明这一观点，他借助比喻，进行了一系列论证："人性好比急流的水，从东方开了缺口便向东流，从西方开了缺口便向西流。人没有善不善的定性，正同水没有东流西流的定向相类似。""人的本性好比柳树，义理好比杯盘；把人的本性纳于仁义，正好比用柳树来制成杯盘。"

什么叫作人性？"性"的概念是什么？孟子与告子有一致的认识，更有不同的认识。在承认"性"是指人的生性这一点上，孟子同于告子。但是如何评价这种生性，孟子却和告子有不同的看法。孟子的人性概念实际含有两种不同的意义。孟子肯定"口之于味也，目之于色也，耳之于声也，鼻之于嗅也，四肢之于安佚也"是性，这种性是什么呢？就是告子所谓"食、色"之性，"生之谓性"之性。这就是说，孟子也承认人的自然属性是人性。但是，孟子又认为这种食、色之性是天然生成的，不但人具有，其他动物也具有。因此它不足以区分人与动物，不是人类所具有的特殊属性，不能反映人的本质属性，所以"君子不谓性也"。

性之二分：自然属性与本质属性

在孟子看来，君子之所谓性，有它的特殊意义，这就是指人的特性，人的本质。这样，孟子所谓性也就有了双层意义：一是食色之性，指人的自然属性，这是当时的通说；二是指仁义等道德观念，是人类所具有的本质属性，这是君子所谓性，是孟子创造的赋予人性的新义。对于这两种性，孟子认为它们有不同的来源，是不同的身体器官的产物。他说："君子所性，仁、义、礼、智根于心。"君子称为性的，反映了人的本质属性的仁、义、礼、智，他认为根植于心，是心这种思维器官的产物。

他认为“从其大体为大人”，顺从心这种大体之性，就是君子。而告子所谓性，他认为是耳、目、鼻、口、四肢的产物，虽然人皆有之，但不足为贵，“从其小体为小人”，顺从这种小体之性，只能成为小人，不能真正地体现出人的特质。

这样，我们就会发现孟子与告子的人性之争是一件有趣的事情：告子认为是人性的，孟子却说，这虽然是人们所说的性，我也承认，但它不是“君子所性”，不是真正能够反映人的本质属性的人性。而孟子所认为真正是人之本质属性的，告子却说，“生之谓性”，这些东西是后天的人为，不是人类生而具有的自然属性。孟子承认“君子所性”者是“命也”，是天赋予人的，可见他也是从人的自然性这一角度来谈人性的，但是他却把非自然属性的东西当成了人的自然属性，把人的自然属性这一论题转换成了人的本质属性。所以，从逻辑的角度看，孟子犯了偷换概念的错误。但是，孟子第一次把人性讨论的重心由人的自然属性转换到人的社会属性上，把人们的注意力第一次由人类与动物的共性引到了人类的个性上，从而开始了对人的本质的认识，这一转换从思想史的角度而言，又具有划时代的意义。

人性为善之先天证明

孟子为什么要转换人性概念的内涵，将关于人的自然属性的讨论变成关于人的本质属性的探讨呢？其原因就是要为他的仁义学说从人的先天结构上找到内在依据，利用人的心理感情来论证其仁义学说的天然合理性。“孟子道性善”，性善论不但是孟子人性学说的核心，在孟子整个思想中也占有极其重要的地位。告子以水为喻，说明人性没有先验的善与不善的区分。孟子也用水性为喻，反驳告子之说：“水诚然没有东流西流的定向，难道也没有向上或者向下的定向吗？人性的善良，正好像水向下流。人没有不善良的，水没有不向下流的。当然，拍水使它跳起来，可以高过额角；引水使它倒流，可以引上高山。这难道是水的本性吗？形势使它如此的。人可以使他做坏事，本性的改变也正像这样。”

为了证明人性为善，孟子又运用经验事实进行论证。他说：“凡是人都有怜恤他人之心……之所以说‘凡是人都有怜恤他人之心’，是因为人们突然见到小孩子将要掉入井中，都会有惊惧同情之心。这样做并非为了和孩子的父母拉关系，并非为了在邻里朋友间沽名钓誉，也并非因为厌恶孩子的哭叫声……由此看来，没有同情之心的不能算是人，没有羞耻之心的不能算是人，没有谦让之心的不能算是人，没有是非之心的不能算是人。同情之心是仁的发端，羞耻之心是义的发端，谦让之心是礼的发端，是非之心是智的发端。人具有这四项发端，就好比他具有四肢一样……凡是自身具备了这四项发端的人，知道都要扩大充实，就好比刚刚燃起的火焰、开始流出的泉水。假如能够扩充它们，就足以保有天下；假如不去扩充它们，连父母都不足以侍奉。”孟子还说过：“人之所以异于禽兽者几希。”所以，人有仁、义、礼、智这四种“善端”，就好像人有四肢一样。人的四肢是天生而具有的，是人的自然之物。那么，在孟子看来，“四心”“四端”也是生而具有的。为了进一步论证人具有先天的善性，孟子又提出了“良知良能”说，举出了“孩提之童”敬爱其亲长的事实。他说：“人不经学习所有的能力，是他的良能；不经思虑所有的见识，是他的良知。孩童没有不知道亲爱自己父母的，等到长大没有不知道尊敬自己兄长的。亲爱父母是仁，尊敬兄长是义。”

孟子又运用归纳法，提出“故凡同类者，举相似也”的命题，用来证明人具有普遍的善性。他说：“口对于味道，有相同的嗜好；耳对于声音，有相同的听觉；眼睛对于容色，有相同的美感。谈到心，就独独没有相同之处吗？心的相同之处是什么呢？是理，是义。圣人早就懂得了我们内心的相同的理义。所以理义之使我心高兴，正和猪狗牛羊合乎我的口味一般。”

理义属于道德意识，孟子认为人类存在普遍的道德观念，具有真理性。尽管人类社会已经历过种种不同的社会形态，这些社会形态尽管存在着千差万别，但是，它们都有共同之处，即都是人们共同生活的群体。每一群体都存在一个处理、调整人与人之间、个人与群体之间关系的问题，因此必然存在着普遍的道德原则，这就是孟子所谓“心之所同”。但是心有所同还有所异，孟子有见于同而不见于异，弃异而不谈，就有问题。特别是人的生理感觉和人的意识属于不同的类，一是人的自然属性，一是人的社会属性，异类相推，其逻辑论证也欠严密。

性善的完备

——后天四端之“扩充”

孟子的论证还有较为谨慎的一面，他所谓天赋的“四心”“四端”还仅仅只是完善的人性、道德的良好发端，仅仅只是一种“善端”，即善的萌芽。人性和道德的完善，还有待于后天的学习和努力、扩充和培养。孟子认为，能够扩充这“四端”，就能为君主保有四海；不加扩充，就会使“善端”失掉，连父母也保护不了。所以，尽管孟子的性善论是一种天赋人性论，但他还是十分强调人的主体能动作用和后天客观环境的影响。这也为他解释人的“不善”即恶的产生和存在留下了余地。孟子所论述的这种"善端"——"不忍人之心""恻隐之心"是人的类意识，是人的社会性的表现形式之一。孟子认为这是人与禽兽相区别的特性，是很有意义的。

人性恶问题之解决

人性既然是善的，那么，怎么会产生出恶来呢？对此，孟子回答："从天生的资质看，可以使它善良，这便是我所谓的人性善良。至于有些人不善良，不能归罪于他的资质。……仁义礼智，不是由外人给予我的，是我本来就有的，只不过不曾探索它罢了。所以说'一经探索，便会得到；一旦放弃，便会失掉'，人与人之间有相差一倍、五倍甚至无数倍的，就是不能充分发挥他们的人性本质的缘故。"这是说先天的善要变为后天的善，必须要加以求，取决于求。如果舍弃而不求，先天的善就会失去。所以，人与人之间善恶悬殊，并非先天的人性不同。他举例说："牛山的树木曾经是很茂盛的，因为它长在大都市的郊外，老用斧子去砍伐，还能够茂盛吗？当然，它日日夜夜在生长着，雨水露珠在润泽着，不是没有新条嫩芽生长出来，但紧跟着就是放羊牧牛，所以变成那样光秃秃的了。大家看到那光秃秃的样子，便以为这山不曾有大树木，这难道是山的本性吗？在某些人身上，难道没有仁义之心吗？他之所以丧失他的善良之心，也正像斧子之于树木一般，每天地去砍伐它，能够茂盛吗？……孔子说：'抓住它，就存在；放弃它，就亡失；出出进进没有一定时候，也不知道它何去何从。'这大概指人心而言的罢。"本性里善的萌芽要加以扩充、培养，才会发展为完美的道德；如果不加以扩充、培养，像伐牛山之木一样，善也会"濯濯"无存，并且产生出恶来。

总之，人性的定义，是思想史上一个难解的斯芬克斯之谜。孟子是中国思想家中第一个系统地论述了人性善的哲人。他的性善论，不但是其伦理思想和仁政学说的逻辑起点和理论依据，是其哲学思想的核心内容，而且对后世也具有相当大的影响。

3. 孟子的天人学说

人置身于茫茫大千世界，最直观的生存体验便是脚踩地，头顶天。脚下这片土地，提供给人衣食之源，栖身之所，人自然对其备感亲切。头上那片天空，变化无常，高不可攀，奥妙莫测，人自然对其抱有神秘之感。无论中外，“天”都是哲学史、思想史、文化史上最早出现的范畴、最先探究的问题。天人关系问题，是中国文化与哲学的基本问题，每一个思想家，特别像孔子、孟子这样具有原创性的大思想家，都要讨论这个问

宇宙

宇宙，四方上下曰宇，古往今来曰宙，是由空间、时间、物质和能量所构成的统一体，是一切空间和时间的综合

题，提出他们的见解，并以此为基础，建立他们的学说。关于天的意义，孟子基本上是沿着孔子的思路前进的，但是也有明显的发展。

天之释义

在《孟子》书中关于“天”的含义，有三种说法：一是自然之天，二是道德之天，三是意志之天或主宰之天（上帝或者造物主）。但是，仔细分析起来，情况要复杂得多，孟子常常认为天就是上帝。有时他不言天，而直接说上帝，如他说，即使是相貌丑陋的人，洁净了身心就能祭祀上帝。他又多次引用《诗经》，直称上帝，如：“殷商的后裔啊，何止万亿。上帝已授予天命，都向周室把头低。”天和上帝是同一个意思，即人们想象中的造物主，它是至高无上的，是万事万物的主宰者。孟子引《诗》说：“天生烝民，有物有则。”又引《书》说：“天降下民。”又引伊尹的话：“天之生此民也。”这些话都是说，人民是由造物主的天创造出来的。孟子说：“莫之为而为者，天也。”即天有超人的力量。他认为人间的秩序是由天安排的。统治人民的国君，就是天的儿子，即天子。天子是上帝的助手或代表，国君是由天选择的。“天子贤则与贤，天与子则与子”，因为准备即位的国君的儿子“贤”与“不肖”都是由天决定的。他说：“其子之贤不肖，皆天也。”天具有不可抗拒的力量，“顺之则存，逆之则亡”。国君只有“乐天”（即顺着天理）和“畏天”（即敬畏天理），才能保持自己的统治地位。如果不这样，就要遭到天的惩罚。商汤、伊尹诛杀夏桀，就是所谓顺天命而诛杀的，所以叫作“天诛”。

从以上看来，孟子对“天”的认识，与夏、商以来传统的天道观是一致的。但是，必须注意到孟子的天道观与传统的天道观并不完全一样。孟子一方面强调“天意”，同时另一方面又强调“民意”。

君权之来源："天与之"与"人与之"

天怎样把权授予国君呢？孟子说，天子不能把天下让给别人，而只能向天推荐自己认为是适合继承天子之位的人，同时被推荐的人还必须得到民意的认可，然后这人才能继承天子之位。所以说天子的职权是“天与之，人与之”。比如尧舜之间君位的变动，就不是“尧以天下与舜”，因为“天子不能以天下与人”。尧把天子之位让给舜，必须符合天意，所以是“天与之”。但是，天不说话，怎么才能知道是否符合天意呢？于是孟子提出他的理论，天意是“以行与事示之”。孟子认为，天子可以推荐继承人给天，这里传说中的尧舜禅让被他引为典型。孟子说：“尧荐舜于天而天受之，暴之于民而民受之。”所以天位的授受必须满足两个条件：一方面是“天与之”，另一方面还要有“人与之”。“天与之”表现在“使之主祭而神享之”，“人与之”则表现在“使之主事而事治，百姓安之”。然而前一个标准多少是空洞的，这里孟子对天上的事物作出了地上的解释，他引《尚书》说：“天视自我民视，天听自我民听。”赵岐注：“言天之视听，从人所欲也。”可见这两条标准之中的“天与之”，归根到底还是由“人与之”来决定的。

天命之退出与民意之凸显

孟子在强调民意的重要性时，有的地方还保留了上帝的地位，另一些地方，却完全排斥天意而只讲民意。孟子说“得乎丘民而为天子”，意即只有得到民众拥护的人才能当天子，这里已经看不见上帝的影子了。这也表现在孟子对待“齐人伐燕”得胜之后，是否吞并燕国的态度上。齐宣王认为，如果不吞并燕国就会有“天殃”（即因违反天意而受到惩罚）。孟子反对这种态度，他主张“取之而燕民悦则取之”“取之而燕民不悦则勿取”，把是否吞并燕国的问题归之于要看燕国的老百姓是否乐意而定。这里孟子以民意否定了齐宣王所说的天意。

这种强调民意重要性的思想，是有其历史发展根源的。在原始社会，人们对大自然的现象不能正确认识，就产生了天命思想。早先天人之间的关系是由巫来沟通的。巫用跳舞来降神。《说文解字》解释“巫”说：“祝也，女能事无形以舞降神者也。”进入阶级社会以后，天命思想就打上了阶级的烙印。地上的君主被认为是天（即上帝）的儿子，代表上帝的意志来统治地上的人民。周灭商以后，周人为了弥补天命思想的漏洞，就提出了“德”的观念。周人认为商之所以亡国，是因为不敬德，而周之所以战胜商，是因为敬德。周公提出了“敬德保民”的口号。这时产生了“天命靡常”的命题，其内容包括天有赏善罚恶的思想，善恶取决于人的行为，天的行为（赏罚）又取决于人的行为（善恶），故而“天命靡常”。人的命运和天的命令都不是前定的。这实际上是在天的面前大大提高了人的作用和地位。这一论题代表着天命思想的一大变化。在《周易》中已经有了民意可以转变天意的思想。春秋时代，隋国季梁谏隋侯勿追楚师说：“夫民，神之主也，是以圣王先成民而后致力于神。”宋司马子鱼也说过：“民，神之主也。”这里所说的民与神的关系，把旧的天人关系颠倒过来了。季梁、司马子鱼都肯定人民是主要的，天神是次要的。当时还出现了否定祸福由天定的思想，成为进步思潮。如鲁国的闵子骞说过“祸福无门，唯人所召”，强调了人为的决定性作用。郑子产对“天道”与“人道”

的论述，有一句为人所熟知的精辟的论断，是说：“天道远，人道迩，非所及也。”由此可见，天道是远不如人道那么重要的。史嚚说得明确：“国将兴，听于民；将亡，听于神。神，聪明正直而一者也，依人而行。”这里虽然保留了神的一席地位，但神却是要“依人而行”的。孔子虽然维护传统的天命思想，但是提出了“敬鬼神而远之”，表现出对天命思想有所存疑。特别是他对人的重视，在当时是很有积极意义的。而孟子的天道观比起孔子又有发展。虽然孟子仍未完全摆脱传统的天命思想的束缚，但在天命思想中特别强调了“民意”的重要性，代表这一时期的新潮流。

“民意”在孟子的思想里有时甚至超过了“天意”。这是西周、春秋以来重民轻天思想的进一步发展，在当时是值得肯定的。不过孟子重视民意的作用，并不意味着他代表人民的利益；反之，他立说的起点是在君王这边的，所以他同时又保存了天命、宗教思想，以便更好地治理人民。

天命与人为

孟子思想中既保留有天命论，同时又主张发挥人的能动创造性。孟子认为天对于人有着不可抗拒的力量。同样，命也如此。他说：“莫之致而致者，命也。”这和他对天的提法是一样的。因此，他的天命论思想是明白无误的。孟子说：“夭寿不贰，修身以俟之，所以立命也。”又说：“君子行法，以俟命而已矣。”这是说，一个人的寿命完全是由天来决定的，自己只有消极等待命运的安排。一个人政治上的遭遇也是这样，是否能做官，做什么样的官，这些都是由天安排的。孟子的学生乐正子为鲁侯所重用，孟子以为满有希望在鲁国推行他的主张。

但是，鲁国却取消了接见他的决定。孟子便叹息说："非人所能也，吾之不遇鲁侯，天也。"孟子的天命论中有所谓"分定"说。他说："君子的本性，即使显贵通达不因而增益，即使穷困隐居不因而减损，因为本分确定的缘故。"所谓"分定"，就是一个人所得之于天的性分是一定的。也就是说，天使人与人之间的地位有所差别，每个人在社会上的地位是由天意安排的，所以只能安分守己。孟子还进一步宣扬了一套"正命"论，教导人要避免死于非命。他说："桎梏而死者，非正命也。"这其实是要人民不起而造反，如果起来"犯上作乱"成了罪人，戴上手铐脚镣而死则非正命了。

但是，孟子并不完全是一个天命论者。他的民意思想在逻辑上必然要求发挥人的能动创造性。孟子说"祸福无不自己求之者"，即灾祸与幸福没有不是自己寻求来的。他引《大甲》说："天作孽，犹可违；自作孽，不可活。"意思是说天降的灾祸还可以躲避，自作的罪孽，要逃也逃不了。再如，孟子在讲"天时""地利""人和"三者关系的时候说："天时不如地利，地利不如人和。"这些都明显地在强调人为努力的重要性。孟子认为，别人能使你尊贵，也就能够再使你卑贱。只有自己发挥能动创造性，通过自己的努力，得到尊贵的地位，这才是真正的可贵。这就摆脱了天命论的束缚。这些地方所讲的天与人的关系，他都能重视人的能动创造性，而把天命放在一个从属的地位。

但是，孟子强调发挥人的能动创造性带有极大的局限性。孟子引《诗经·大雅·文王》说"永言配命，自求多福"，教导人们永远要与天命相配合，自己去寻求更多的幸福。这是要求人们在不违反天命的大前提之下去发挥人的能动创造性。孟子有一段我们耳熟能详的名言："天将降大任于斯人也，必先苦其心志，劳其筋骨，饿其体肤，空乏其身，行拂乱其所为，所以动心忍性，增益其所不能。"这里讲的是，要成为一个伟大的人物就必须先经历种种锻炼和波折。这段话鼓励人们努力奋斗、发愤图强，激励过后代许多伟大的人物。但是，孟子讲这段话却是有前提的，那就是能动创造性的发挥，必须是以“天将降大任于斯人”为条件的。如果不是上天想要使他成为一个伟大人物的话，那么无论怎样发挥其能动创造性，经受什么锻炼和波折也是无济于事的。这又从人为的能动创造性跑回到天命论的脚下去了。但是，无论如何，在当时的历史条件下，孟子强调人的能动创造性，是有其积极意义的。它是对古代传统天命论的一次重大突破。

“天人合一”

孟子的天道观浸沉着一种深深的矛盾。他一方面保留了“君权神授”的思想，另一方面又强调“民意”的重要性。他一方面鼓吹天命论，另一方面又强调能动创造性。这种矛盾在逻辑上就发展为他的“尽心”“知性”“知天”的“天人合一”的思想。孟子说：“竭尽了人的本心就知晓了人的本性，知晓了人的本性就知晓了上天。保持人的本心，养育人的本性，以此来侍奉上天。”这个过程是：从“尽心”“知性”到“知天”，从“存心”“养性”到“事天”。“尽心”“知性”和“存心”“养性”，都属于发挥人的主观能动性，而“知天”“事天”则是最终达到“天人合一”的神秘境界。

“尽心”“知性”“存心”“养性”的目的都是“知天”“事天”。孟子还认为，进行思考的“心之官”是“天之所与我者”，即天是不依人的意识而存在的神秘观念，由它产生了物质世界，其中包括产生人及其能思维的器官。但是，从“尽心”“知性”“知天”三者的关系来看，孟子又强调的是“尽心”，认为“尽心”是“知性”“知天”

的根本。清代的戴震解释孟子的“尽心”，讲得很好，他说：“天人道德，靡不豁然于心，故曰尽其心。”显然，孟子这里片面地夸大了“心”的作用，以为只要“尽心”，就可以“知天”，片面地夸大了人的能动创造性。

孟子认为，人的造诣可分为六等，即善、信、美、大、圣、神。他说：“值得去想望的东西叫作善，善为自身所拥有叫作信，使之充盈实在叫作美，充盈实在进而去发扬叫作大，大而且融会贯通叫作圣，圣达到神妙不测叫作神。”达到了圣、神的地步，就能“君子所过之处都受到感化，所存的心思神妙深邃，上与天、下与地协调运行”，也就是达到了“天人合一”的神秘境界。达到这种境界的人就是天意的代表，同时又是民意的代表。这种人称为“天吏”，是“无敌于天下”的。前面我们讲过，孟子与齐宣王讨论伐燕时，很强调民意，否定了齐宣王所说的天意。但是，孟子在与沈同论伐燕时则主张“为天吏则可以伐之”。可见，在孟子的思想中，天意与民意之间的鸿沟，最后是靠“天人合一”来沟通的。

4. 孟子的教育思想

重视教育，是从孔子开始的历代儒家代表人物一以贯之的优良传统。从某种程度上讲，一部中国古代教育史也就是儒家教育思想不断发展并付诸实施的历史。孟子虽然在仕途上不得志，但是他壮年从事教育实践，并通过自己亲身的实践，总结了许多教育理论。他要推行"仁政"的政治主张，必然要培养君子、大丈夫之类的人才。孟子培养了一批像公孙丑、万章这样的高足，虽比不上孔子的"弟子三千，贤人七十"，但也确实在教育后学、培养人才方面，卓然成家。

"一傅众咻"

人的成长、发展受内外两种因素的影响。内因主要指人的主观能动性、选择性、主体性素质等，外因主要指自然环境、社会物质生活条件、人文环境、教育等。孟子很重视环境、教育的作用。孟子曰："丰收年成，子弟大多懒惰；灾荒年成，子弟大多横暴。

并非天生的资质如此不同，是由于他们的内心遭到损害、迷惑的缘故。”“富岁”就是指丰收的年成，由于物质生活条件好，有吃有穿，少年子弟容易贪图享乐、不思进取，多懒散。“凶岁”指灾荒年成，缺吃少穿，生活条件恶劣，一些少年子弟想通过巧取豪夺，以暴力去获得生活资源，所以“多暴”。这里讲“多”懒、“多”暴，不是指所有的人，而是指一些人。逆境成才，贫困奋起者也不乏其人。

“一傅众咻”的成语故事说明环境对学习的影响。孟子对戴不胜说，这里有位楚国的官员希望儿子学齐国的语言，那么，是请齐国人教呢，还是请楚国人教呢？戴不胜认为应该请齐国人来教。孟子说：“一个齐国人教他，众多楚国人吵扰他，即使天天鞭打他，要他学会齐国话，也不可能。若是带他到齐国的大街小巷住上几年，即使天天鞭打他，要他说楚国话也不可能。”这说明学习环境的重要性。

“自求自得”

孟子说：“君子用大道来加深造诣，是希望自己自然把握大道。自然把握了大道才能处之安然，处之安然才能深入地借助它，深入地借助它才能取用起来左右逢源，所以君子希望自己自然把握大道。”“自得”就是通过自己的主观努力而获取知识、技能。通过自学，掌握的知识才能巩固，将外在知识内化为自己的知识。获取的知识积累多了、深了，就有融会贯通、左右逢源的基础和条件。

环境是学习成才的重要条件，对人有重大的影响，但毕竟是外部条件，是外因。外因要通过内因才能起作用。顺境、逆境都可以成才，关键在自身努力。“自求自得”就是要发挥自身的能动作用。知识要靠学习者自己建构，别人不能代替。你拥有书，不等于你已拥有书中

苏秦刺股

战国时的苏秦因为游说秦国失败，家里人不理他，他就发愤自学，每当要瞌睡时，就拿锥子刺自己的大腿，直至鲜血淋漓。后来他成为有名的纵横家

的知识。从这一点看，最好的老师是学习者自己，教师只起辅助引导作用。“自求自得”，又有良好的“环境”，才能达到学习成才的目的。

孟子的道德教育也重视“自求自得”，提倡“存心”“养性”，反身内省，即道德自我教育，“求则得之，舍则失之”。孟子认为：“耳朵、眼睛的官能是不思考的，所以为事物所蒙蔽，它们与事物相接触只是受到诱导罢了。心的官能是思考，思考便有所得，不思考便无所得。这是上天赋予我们的。”要求通过思考，提高道德认识能力，不为耳目之官引发的物欲所蔽，忘记了正确的道德精神和规范。“学问之道无他，求其放心而已矣”，“放心”是放弃良心，放弃道德的意思。学问之道没有别的，就是要找回放弃的善良之心。善良的心要存之、养之，使其不失，并扩而充之，尽心，成为君子、大丈夫。而“养心莫善于寡欲”。所谓“寡欲”就是减少欲望，特别是物质欲望。“寡欲”只是少欲，不是无欲、绝欲。要控制欲望的合理性。俗话说：“欲壑难填。”人的欲望是无止境的，很难一时满足。如果一个人的欲望超出了合理的范围，就容易走上邪路，采取不正当的手段获取暴利，最后毁灭自己。

“专心致志”

孟子认为学习要专心致志，拿掘井打比方，掘井如果不专心、不坚持掘下去，就成为废井，白费力气。专心指注意力集中，持之以恒，不为外物所干扰，这样才能学得好。有些人学不好，不是脑子不聪明，而是不专心致志所致。

孟子认为君子有三乐，而最后一乐即是“得天下英才而教育之”，他深知自己的学问在当世已没有实现的可能，要想自己的学术思想流传到后世，就必须要广招天下英才，使之受教，传承自己的思想，影响后世。孟子一生为此殚精竭虑，从理论到实践，都进行了不懈的探索与总结，继承和发展了孔子的教育思想，并给以后儒家教育的方方面面，打下了自己思想的烙印。

凿壁偷光

“凿壁偷光”讲的是西汉匡衡勤学苦读的故事，他最终成为了大学问家。现在人们一般用来形容勤学苦读

四 师承孔门 后继有人

自从孔子开私人讲学之风，打破贵族教育之后，思想家们纷纷成立私人学校，收徒讲学。战国中后期，学派林立，互相争鸣，孟子便是儒家学派的代表人物。一方面，孟子宗师仲尼，一生以孔子为行动的榜样，受惠于孔门；另一方面，得道之后，又开门收徒，传授自己的思想。公孙丑、万章之徒在孟子晚年帮助他完成了《孟子》一书。

1. 孟子之师

孟子认为，孔子是百世之师，是最伟大的圣人，十分推崇孔子，认为“自生民以来，未有盛于孔子也”“孔子之谓集大成者”。孟子的学术思想继承于孔子，一生以孔子为师，他说：“乃所愿则学孔子也。”但是，孟子与孔子没有直接的师从关系。孟子也说：“我没有能成为孔子的门徒，我只是私下得益于他的传人而已。”因为孟子之生后于孔子之卒近100年。那么，孟子到底是谁的私淑弟子呢？孟子从没有说过。

为什么孟子只说“予私淑诸人”，而不具体说出谁是自己的老师？我们大概有以下一些基本推断：第一种是孟子平生只以孔子自比，非常自负，不愿意说出他的老师；第二种是他认为自己的老师并不是当时世人皆知的大师，就不愿意报老师的姓名；第三种是他想学习孔子，“三人行，必有吾师”“学无常师”“就有道而正”，只要是有学问的人都可以向他学习，不必有固定的老师。这些推断在某种程度上应该比较接近事实。

关于孟子到底师承谁的问题，有三种不同的说法：第一，孟子是子思的再传弟子；第二，孟子是子思的儿子子上的弟子；第三，孟子是子思的弟子。

第一种说法，以司马迁为代表，他在《史记·孟子荀卿列传》中说，孟子“受业于子思之门人”。此说较为合理，因为，子思之死约先于孟子之生 70 年，子思的年轻弟子有可能见到孟子，成为孟子的老师，不过老师的年龄差不多得八九十了。清代的许多学者如毛奇龄、江永、崔述都赞同司马迁的说法，认为孟子不是子思的学生，而是子思学生的学生，或称子思的再传弟子。

第二种说法，见于有位叫孟经国的学者写了一本《孟子外书》，在《性善辨》中有：“子思之子曰子上，轲尝学焉。”这种说法，因为东汉赵岐注《孟子》，不注《孟子外书》四篇，并在《孟子题辞》中说：“其文不能宏深，不与内篇相似，似非《孟子》本真，后世依放而托也。”后人多认为是伪书，所以主张此说者为数甚少。

第三种说法，刘向首倡其说。刘向在《列女传》中说，孟子“师事子思”。主张这种意见的人颇多。刘向之后，班固《汉书·艺文志》说，孟子是“子思弟子”。而后，赵岐《孟子题辞》说，孟子“师孔子之孙子思”。于是，此说影响甚大。近代康有为《〈孟子微〉序》说“孟子受业于子思之门”，显然是受到上述意见的影响。

我认为第一种意见符合《孟子》一书的原意；第三种意见，从时间上看，不符合历史事实。根据前人考证，若按孟子生于公元前 390 年计算，则距子思卒年（前 402 年）相差 12 年；若按传统的说法，孟子生于公元前 372 年计算，则距子思卒年相差 30 年。所以孟子不能直接受业于子思是十分明显的。

总之，孟子“受业于子思之门人”，即孟子是子思的再传弟子，而不是子思的弟子，也不是子思的儿子子上的弟子。

2. 孟子之徒

孟子一生从事教育工作，他到底有多少学生呢？《史记·孟子荀卿列传》中只提到了“万章之徒”，《孟子题辞》一书中多提到“公孙丑、万章之徒”，今天我们研究孟子弟子的材料很不够，仅能通过《孟子》书中所提到的人和一些注解来研究。

孟子在齐国时，彭更曾问孟子：“后面跟着几十辆车，身边跟随着几百个人，走来走去都受到诸侯的供养，这样不觉得过分吗？”孟子说：“不合乎道德，一碗饭都不能受之于人；合乎道德，舜接受了尧的天下都不觉得过分。你觉得过分吗？”彭更所云“从者数百人”虽不一定全都是孟子弟子，但亦可见随同孟子的弟子人数不少。

在孟子门下受业的弟子众多，这里主要列举一些最有名的门人，他们有万章、公孙丑、公都子、孟仲子。

万章，孟子高足，一生追随孟子，为孟子所喜爱。北宋政和五年（1115 年）被封为博兴伯，从祀于孟庙西庑。万章是最早扬名于历史的万姓先人。关于他的事迹，史书是这样记载的：“孟子去齐，绝粮

万章墓

万章墓位于山东邹城西南。万章是孟子的高足，一生追随孟子，为孟子所喜爱

于邹薛，退与万章之徒，序诗书，述仲尼之意，作《孟子》七篇。”《孟子》七篇中有“万章章句”凡18章，万章名字出现22次之多；对孟子有“尧以天下与舜”“伊尹以割烹要汤”“敢问友”“敢问交际”等之问达38次之多。《史记》载，孟子晚年，经常同万章等弟子谈论经书，并和万章等弟子一起著《孟子》一书。

公孙丑，复姓公孙，名丑，齐国（今寿光）人，北宋政和五年被封为寿光伯，从祀于孟庙，位设东庑之首。清乾隆二十一年（1756年）改称先贤公孙子。公孙丑勇武好学，直爽磊落，有“政事之才”和“不动心”之问。尝慕管仲以期孟子。而孟子说：“管仲是曾西都不愿跟他相比的人，你以为我愿意学他吗？”因此其论不动心于孟子。孟子又对他说：“我知言，我善养吾浩然之气。”《孟子》一书中有《公孙丑》篇，多谈论政治问题。“天时不如地利，地利不如人和”“得道者多助，失道者寡助”“揠苗助长”等名言出自此篇。

公都子，复姓公都，其名不显，“楚有公子田，食邑于都”，疑为楚人。能言善辩，勤于思考，学养深厚，连孟子都赞“公都子有学业”，“有好辩之问，有性善之问，又与孟季子有义内之辩”，是孟子得意门生之一。他关于“人性善恶重要与否”的发问，引发了孟子“四端”德行的阐述：“恻隐之心，仁之端也；羞恶之心，义之端也；辞让之心，礼之端也；是非之心，智之端也”，标志着孟子思想的成熟。北宋政和五年被封为平阴伯，从祀于孟庙，位设东庑。清乾隆二十一年改称先贤公都子。

孟仲子，姓孟，名仲子，邹国（今邹城）人。东汉学者赵岐注云："孟仲子，孟子之从昆弟，学于孟子者也。"认为孟仲子是孟子的堂弟。而《孟子世家谱》记载孟仲子为孟子之子，序为二代。曾跟公孙丑学习，是一个能说会道、反应敏捷、处事周到的灵活人。孟仲子随孟子游齐，负责接待和处理日常事务。一天，孟子因齐宣王不够礼遇而称病不朝，次日却到东郭大夫家吊丧。恰巧齐王派人来探视孟子并有医生同往。孟仲子巧妙应付，告诉来人孟子已上朝去了，同时派人追赶孟子，告诉孟子不要回家先去朝廷。明《邹志》记载孟仲子："孟子之从昆弟也，有要孟子造朝之事。"按：仲子，赵岐注谓孟子从弟，朱子因之。北宋政和五年（1115 年）从祀于孟庙，位设西庑。其封爵为新泰伯。清乾隆二十一年（1756 年）改称先儒孟氏。

五

『五百年必有圣人出』

——数风流人物，还看今朝

孟子一生，极其自负，同时代的其他人他都没有放在眼里，且极力批判。唯有对先贤孔子，则佩服之至，一生以孔子为做人之标准，且认为孔子之后必有圣人出，孟子是以孔子的真传人自居的。

对孔子之赞颂

《先师孔子行教像》

唐吴道子绘。孔子“有教无类”与“因材施教”的教育思想，在中国的历史长廊里永放光芒

孟子对孔子尊崇至极。他认为，孔子是百世之师，是最伟大的圣人，“自生民以来，未有盛于孔子也”“孔子之谓集大成者”。孟子一生以孔子为师。在《孟子·万章下》中，有孟子对伯夷、伊尹、柳下惠、孔子四位圣贤言行的评论，然后总结说：“伯夷是圣贤中的清高者，伊尹是圣贤中的尽责者，柳下惠是圣贤中的随和者，孔子是圣贤中的合时宜者。”所谓“圣之时者”，即圣人之中识时务的人。孟子认为，孔子已达致集圣人之大成的最高境界。

对舜帝的褒扬

孟子对舜帝推崇至极，“言必称尧舜”，《孟子》一书篇幅并不长，提及舜帝却达 50 多处；赞赏或提到舜帝禅让的，《孟子》有 12 篇。孟子对舜帝大德大孝极尽褒扬：“舜其至孝矣，五十而慕。”《滕文公上》则记述了孔子和孟子对舜帝重视人才的评价：“尧以不得舜为己忧，舜以不得禹、皋陶为己忧。”孟子对舜帝与人为善的社会道德及忠君敬主、行仁取义、从善如流的政治道德等品质，都作了充分的肯定。

孟子认为舜的政治主张就是实行仁政，对舜的“无为而治”更是充分肯定。在肯定舜帝是中国贤明圣君、道德典范、智慧化身的前提下，孟子要人们向舜帝学习，并提出了“人皆可以为尧舜”。

对许行的批判

许行是战国时期农家的代表人物，与孟子时代相当。他有门徒几十个，都穿着粗麻织成的衣服，靠打草鞋、织席子为生。许行的主张，由《孟子》引陈相转述许行话语，知其主要有两点：“贤者应该与民众一起种出庄稼来吃，做出饭来才处理政务”和“市场上的物价没有差别，都市里没有欺骗行为”。孟子反对许行的学说，尤其驳斥许行“君臣并耕”的说法，进而歌颂尧、舜、周公、孔子之道。为了宣扬儒家学说，孟子提出“劳心者治人，劳力者治于人；治于人者食人，治人者食于人”的所谓“天下之通义”，他认为劳心者对劳力者的统治是合理的现象。他在最后指出：“要是听从了许子的学说，引导着天下的人去进行欺骗，怎么能治理国家呢？”

对杨墨之排斥

与儒家争鸣者以墨家和杨朱学派的势力最大。孟子说：“杨朱、墨翟之言盈天下，天下之言不归杨则归墨。”又说：“逃墨必归于杨，逃杨必归于儒。”孟子痛斥杨、墨学派，说：“杨墨的学说不破除，孔子的学说不发扬，就是用邪说来欺罔民众、遏止仁义。仁义被遏止就是放任野兽去吃人，人们将会相互残杀。我为此感到忧虑，所以捍卫先圣的准则，抵制杨墨的学说，批驳错误的言论，这样主张邪说的人就无法兴起。”他说他这样严厉地驳斥杨、墨的“异端邪说”，是继承大禹、周公、孔子三个圣人的事业，他要正人心，就必须辟杨、墨。他的弟子公都子告诉他，别人都说他好辩论，他说：“岂好辩哉？予不得已也。能言距杨、墨者，圣人之徒也。”可见孟子是以圣人之徒自居的，自己从事的都是圣人留下来的光辉事业。

对陈仲的批判

陈仲是齐国著名的“廉士”，可孟子却认为他的作为并不能算是廉洁，尤其是不能提倡、推广他的这种作为。为什么呢？因为他做得太过分了，是一种走极端的行为。孟子尖刻地讽刺说，要做到他那样，除非把人先变成蚯蚓，只吃泥土，喝地下水，这才能够做到彻底“廉洁”。而真正要用这种“廉”的标准来衡量，就是陈仲本人也没有能够做到。比如说，他住的房屋，还不知道是哪个不廉洁的人甚至强盗一样的人建筑起来的；他所吃的粮食，还不知道是哪个不廉洁的人甚至强盗一样的人种植出来的。何况，他离开母亲，不吃母亲的食物，但却还是要吃妻子的食物；他避开哥哥，不住哥哥的房屋，但却还是要在於陵这个地方来住房屋。这些行为，难道能够说是彻底“廉洁”吗？不是！说到头，只能算是一种沽名钓誉，一种酸腐，用我们今天流行的话来说，就是一种“假”，一种虚伪。

对告子的批评

告子是战国时思想家，善口辩，讲仁义，在《告子》篇中记载了与孟子论人性问题，认为“生之谓性”，“食、色，性也”。人性和水一样，“水无分于东西”，性也“无分于善不善”，“以人性为仁义”，犹如“以杞柳为杯棬”。孟子批评了告子的这种人性无善无恶之说，认为人性是善的，大声疾呼：“率天下之人而祸仁义者，必子之言夫。”

总之，孟子对历史上及同时代的人物都有评价，或赞扬或批评，这里面孟子是有他自己的标准的，那就是他思想的核心性善和仁政，做到了这两点就是圣人，所以他在《尽心下》中列举每五百年必有圣人出：从尧舜到汤，到周公，到孔子，都是传授上古所行大道的。然而孔子以后呢？难道会后继无人吗？这是《孟子》全书结尾的一句话，似乎是他生命的最后一声呼唤：要是王道行天下，数风流人物，当今舍孟子其谁能当此大任？

◎下篇　荀子

战国中晚期，随着兼并战争的进一步扩大，社会急剧变革。就在这个大时代行将进入尾声的时候，在三晋之地的赵国孕育出了一个出色的大人物——荀子。荀子，名况，字卿，赵国（今山西）人，战国时期著名的思想家。活动年代约为公元前298年至公元前238年间。当时人们尊称他为荀卿。汉代因避汉宣帝刘询讳，写作孙卿。齐襄王时荀子曾在稷下学宫讲学，三次任祭酒。后因被谗，来到楚国，春申君用为兰陵令。他到过赵国，在赵孝成王面前论过兵，亦曾到秦国考察过那里的山川地形和政治、习俗等，但都没有得到重用。春申君死后被废，公元前238年失官，逝世后葬在兰陵。荀子一生，以游学始，以学者终。《史记》有《孟子荀卿列传》。

一 旷世大儒的一生

荀子生活的时代是一个战火纷飞、七国争雄的大时代，是一个风起云涌、社会急剧变革的大时代，是一个百家争鸣、人才辈出的大时代。就在秦即将完成天下一统的前夕，在三晋之地的赵国孕育出了一个出色的巨人——荀子。他的出现和存在，使“百家争鸣”的局面达到了高潮，但亦是接近了尾声。

1. 战火纷飞时代的巨人

对于荀子的生平，史书没有为我们提供更多有价值的资料。《史记》为之作的列传只有短短二百多字，其中“荀卿，赵人，年五十（按：系十五之误）始来游学于齐”，明白无误地告诉世人，荀子是赵国人，15岁之前，他是在赵国度过的。

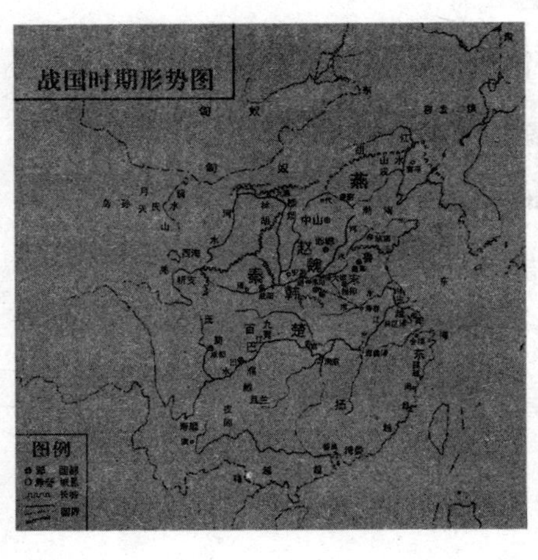

战国时期形势图

“战国七雄”是战国时期7个强势诸侯国的统称，分别是齐、楚、燕、韩、赵、魏、秦

其时，兼并战争还在继续，战火还在蔓延，但统一的曙光乍现。从“无义战”的春秋初叶，到荀子出生之时，仗已经打了4个半世纪，也就是说差不多十几代人都是在战争环境中生存过来的。人民厌倦了战争。虽然战事频频不断，社会还是在发展，在前进。从大小数百

诸侯间的攻战，到春秋五霸，到战国七雄，这本身是一种巨大的进步。而到了战国后期，即荀子生活的那个年代，“七雄”中真正能雄视天下的也只有三个国家了，即所谓秦、齐、赵三强鼎立，秦、齐并称西帝、东帝，而赵国强劲地居于其中，在此过程中，列国的经济、政治、文化，也都逐渐由分裂走向统一。

就在荀子呱呱坠地之时，儒家的传人孟子已经名声颇大。他当上了齐国的卿相，劝说齐宣王要行“仁政”，不然不但天下不能由齐来统一，相反，齐会被人家统一掉。孟子在回答新立的魏襄王时，先声夺人地道出了一句石破天惊之语：“天下将定于一！”“定于一”就是走向统一。这种“定于一”的思想，不能不对荀子产生巨大的积极影响。后来，

赵武灵王墓

位于河北灵丘县。赵武灵王（公元前 340 ～前 295 年），名雍，战国时赵肃侯之子，赵国的第六代国君

荀子所说的“四海之内若一家”(《荀子·王制》，以下凡引用《荀子》，只注篇名)，可以看成是孟子“定于一”的翻版。

在荀子出生数年后，赵国发生了一件惊天动地的大事：赵武灵王宣布“吾将胡服骑射以教百姓”。赵武灵王指出“理世不必一道，国不必法古”，公然宣布：“吾无顾天下之议矣！”于是，命令军队采用胡人服饰，改穿短装，束皮带，用带钩，戴着插有貂尾或鸟羽的武冠，穿皮靴，训练马上射箭的作战技术，等等。这样一来，赵国大大强盛起来了，成为真正可与秦国匹敌的强国。

这场改革应当说不只限于军事，更深刻的影响在于人的思想和文化。赵武灵王说：“是以圣人果可以利其国，不一其用，果可以便其事，不同其礼。儒者一师而俗异，中国同礼而教离。”(《史记·赵世家》)荀子与孟子同师于孔子，可荀子敢于“俗异”，敢于提出自己的学说，也是受了赵武灵王胡服骑射的影响和启示。平原君的好士，赵武灵王的开阔胸襟，使童年时代生活在这块土地上的荀子有着非同寻常的气质和禀赋。

2. 稷下游学与三任大学校长

赵国是一个文化和学术发达的国家，又是一个向世人开放的“天下”。有许许多多的学者文士从其他列国走向赵国，同时也有许许多多的学者文士从赵国走向其他列国。当荀子大约 15 岁的时候，他告别父母，离开了生身之地——赵国，走向了当时学术和文化的荟萃之地——齐国的稷下。从赵国到齐国的国都临淄有千里之遥，一路风尘，那辛劳是不用说的。但荀子并不计较这些。游学，是他心中一个美好的梦。

稷下学宫也着实吸引人。那里是一个时代的学术文化中心，是诸子百家荟萃之地。《史记·论六家要旨》和《汉书·艺文志》所开列的六家或九流十家都活跃在稷下。稷下学宫兴盛时，有先生学士“数百千人”。对于一个有志于学的人来说，怎么会不心向往之呢？更为令人神往的是稷下学宫中学术的争辩，更有学术的融合。所谓融合，不是合而为一，而是以本学派为本位吸收别家，形成你中有我、我中有你的新品牌和新门类。少年荀子欣欣然背起行囊，走向稷下学宫，走向学术的神圣殿堂。

《史记·孟子荀卿列传》说：“齐襄王时，而荀卿最为老师；齐尚修列大夫之缺，而荀卿三为祭酒。”荀子因学问博大“最为老师”，曾三次担任当时齐国“稷下学宫”的“祭酒”（学宫之长抑或大学校长）。“三为祭酒”“最为老师”，其声望、地位应高于列大夫，这也是他被称为“卿”的原因。可见荀子在当时的社会地位是很高的。

3. 周游列国与入秦

荀子一生活动的范围相当广泛，曾在赵、燕、楚、秦、齐等国游历，在齐国的时间相当长，但后来齐国有人谗言，他不得不离开齐国。荀子去赵国见赵孝成王，和楚国将领临武君议兵于赵孝成王前，但不见用。

荀子为了实现自己的政治抱负，不为“儒者不入秦”所限，又去了秦国，对秦国的政治、军事、民情风俗以及自然形势等都进行了考察，认为秦国“形胜”，自然环境优越；“百姓朴”，风俗淳，吏治肃然。但是另一方面他也深感秦有所短，就是统治者过于强调霸道，尽管其“兵强海内，威行诸侯”，但“非以仁义为之也”，是“所谓末世之兵”(《议兵》)。因此他建议秦昭王重用儒士，实行“王道”。秦昭王虽然称“善”，在口头上被荀子说服了，但是由于他们君臣正忙于兼并战争，事实上正在攻韩并准备侵赵，所以荀子之说在秦国不可能得到采用。

不得志的荀子没有办法实现他的治国平天下的理想，最后在春申君的再三邀请下到了楚国，被任命为兰陵令。但不久春申君被杀，荀

荀子墓神道

荀子墓位于今山东临沂苍山县兰陵镇。兰陵，中国古代名邑，据传由楚大夫屈原命名。春秋时，鲁国在此设次室邑，战国时楚国始设立。荀子曾两任兰陵令

荀子墓大门

子也被罢了官。荀子退出官场之后，静下心来著书立说。他精心研究儒家、墨家、道家活动的成败，撰写了几万字的文章，阐述自己的思想观点。荀子因此而成为一代伟大的思想家。

荀子在楚国担任兰陵令时，年龄已经不小了。从这一点来看，荀子还是很有政治抱负的。但是，荀子在政治上并没有什么突出的业绩。荀子罢官后，作出了一生中最为重要、也最为正确的选择——精研学术，著书立说。荀子利用晚年的时光做了一生中最有价值的事，使自己的思想得以千秋流传。很难想象，如果荀子晚年没有著书立说，是否还会有今天的历史地位。

二　大国之崛起　文化之繁荣

荀子的时代，是中国社会急剧变革和即将重组的时代，正处于最后实现大统一的历史时期。这时，各诸侯国的变法运动已接近尾声，变法运动所带来的一系列社会经济改革，给传统势力以致命的打击，为新兴的生产方式的迅速发展扫清了道路。郡县制已普遍地代替了分封制，封建官僚制度已基本取代了世卿世禄制度。一家一户为一个单位的新的生产方式在农业中已处于支配地位，国家奖励耕织、奖励军功的政策，更加强了新的政治、经济地位和力量；而农业中新生产方式的胜利，又对农业生产力以及整个社会经济的发展产生了巨大的推动作用。

1. 经济之成就

在农业生产中，铁器已成为主要农具，并得到了进一步的改良；过去作为牺牲的牛，也更加普遍地用于农耕。水利事业得到了更迅猛的发展，战国著名的三大引渠灌溉工程有两个——都江堰和郑国渠，就兴修于此时。农业生产技术也得到很大的提高，例如施肥技术的进步，谷物一年两熟制的推广。这些都促进了农业生产力的飞速发展。在此基础上，手工业和商业的发展也提高到新的水平。采矿、冶铁、炼铜、煮盐等行业，各种器械、用具的制造，都有长足的进步。一批批工商业城市，如“燕之涿、蓟，赵之邯郸，魏之温、轵，韩之荥阳，齐之临淄，楚之宛丘，郑之阳翟，三川之二周”如雨后春笋般涌现，它们都“富冠海内”，“皆为天下名都”。（《盐铁论·通有》）

当时临淄有 7 万户人家，每家可以出 3 个男人当兵，地方很富足，街上人很多，众人把衣袖举起来像帐幕，每人挥一把汗，简直像下雨一样，热闹非凡。随着商品生产的发展，商品交换也更加活跃。商人冲破壁垒关卡，使东西南北各地的产品都可以互通有无，“四海之内

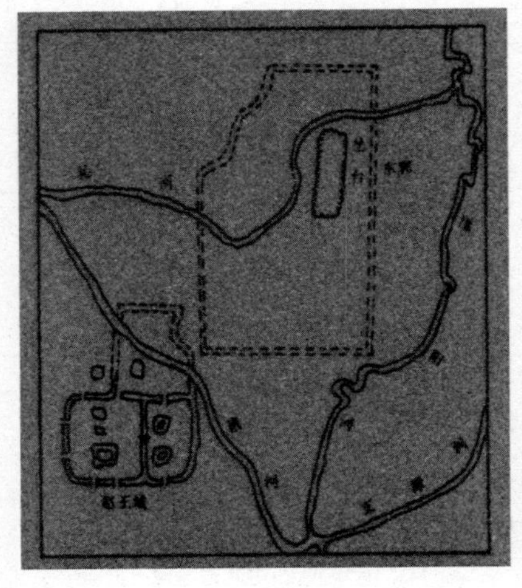

赵都邯郸遗址图

战国时期各诸侯国大修都城，都有小城和大郭连接着，大郭是各级官吏和平民百姓的居住区，还有集中经营手工业和商业的市区。小城是国君和贵族的住所，即宫城。宫殿都建在高大的夯土台基上，居高临下，成为全城的制高点，象征着中央集权的政治体制

若一家”。这种商业和交通的发展，说明各个地区各个部族在经济上的依赖和联系已比较密切，为封建制的大统一提供了客观的社会基础。

2. 自然科学之发展

社会生产力的发展，促进了人们对自然的进一步认识。在数学方面，当时已能进行比较复杂的面积和体积计算，并已开始运用分数。

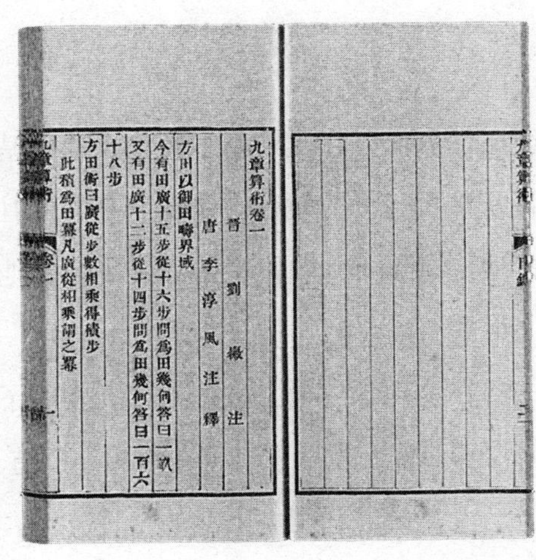
九章算術卷一
晉 劉 徽 注
唐 李 淳 風 注 釋
方田以御田疇界域
今有田廣十五步從十六步問爲田幾何答曰一畝
又有田廣十二步從十四步問爲田幾何答曰一百六
十八步
方田術曰廣從步數相乘得積步
此積爲田冪凡廣從相乘謂之冪

《九章算术》

《九章算术》在世界数学史上占有杰出的地位，是我国最宝贵的数学遗产

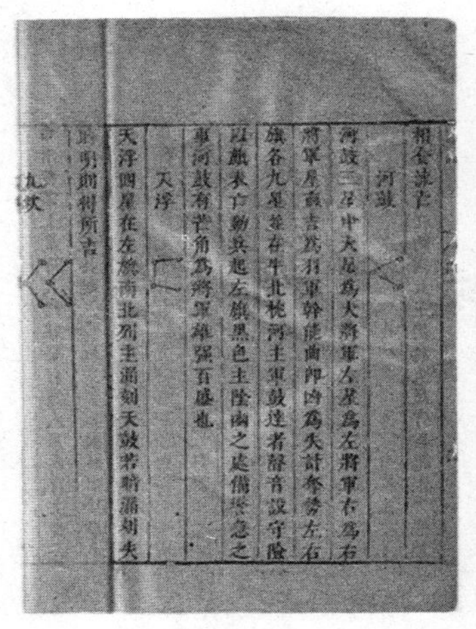

河鼓

河鼓三星中大星為大將軍左星為左將軍右星為右

[illegible]

旗各九星並在牛北枕河主軍鼓迭者聲音設守險

以應表亡動其起左旗黑色主陰幽之處備警急之

事河鼓有芒角為將軍雄強百勝也

天浮

天浮四星在左旗南北列主漏刻天鼓[illegible]

《甘石星经》

世界上最早的天文学著作。在长期观测天象的基础上，战国时期齐国人甘德、魏国人石申各写出一部天文学著作。后人把这两部著作合起来，称《甘石星经》。《甘石星经》是入选中国世界纪录协会世界最早的天文学著作

汉代司南（模型）

司南是古代辨别方向用的一种仪器。用天然磁铁矿石琢成一个勺形的东西，放在一个光滑的盘上，盘上刻着方位，利用磁铁指南的作用，可以辨别方向，是现在所用指南针的始祖

天文学方面，在长期系统观测天象的基础上，人们已逐渐形成了有关日月星辰运行的规律性认识。齐国的甘德和魏国的石申在战国中期精密地记录了120颗恒星的赤道坐标，他们所测定的恒星记录，是世界上最早的。

在物理学方面，战国末期，发明了指南针“司南”，制造出了计时仪器滴漏，发明了杠杆、滑轮，创造了能够取火于日的青铜凹面镜，这是人类最早利用太阳能的一种方法。此外，《墨经》《考工记》等

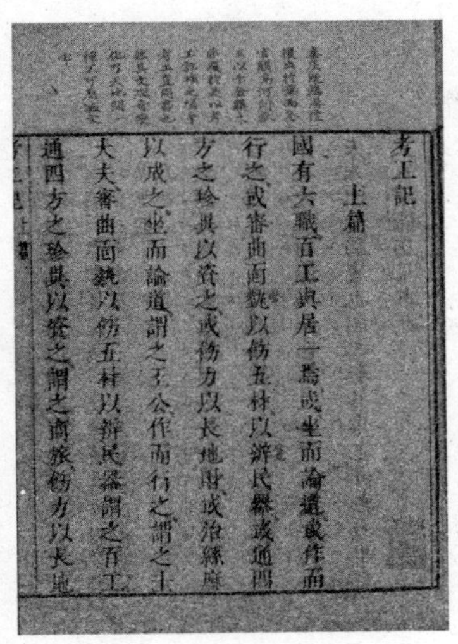

考工記

上篇

國有六職百工與居一焉或坐而論道或作而
行之或審曲面埶以飭五材以辨民器或通四
方之珍異以資之或飭力以長地財或治絲麻
以成之坐而論道謂之王公作而行之謂之士
大夫審曲面埶以飭五材以辨民器謂之百工
通四方之珍異以資之謂之商旅飭力以長地

《考工记》

中国春秋时期记述官营手工业各工种规范和制造工艺的文献

新刊補註釋文黃帝內經素問卷之一

《黄帝内经素问》

简称《素问》，是我国现存最早的中医理论著作，相传为黄帝创作，大约成书于春秋战国时期

就空间、时间、物体的运动形式、点线面等几何学，以及光学、力学、声律学、机械制造等原理作了卓越的探讨。在医学方面，出现了《素问》《灵枢》这些杰出的理论巨著，从而奠定了祖国医学优良传统的基础。这一切，为荀子总结先秦思想提供了宏大的科学背景。

3. 兼并战争之激烈

“战争是战国时期一个最突出的特点。”至荀子时代，诸侯间的兼并战争又出现了新的特色。从商鞅变法到秦赵长平之战，战争由战国初期的大国蚕食小国演变成为大国集团对集团间的合纵连横；长平

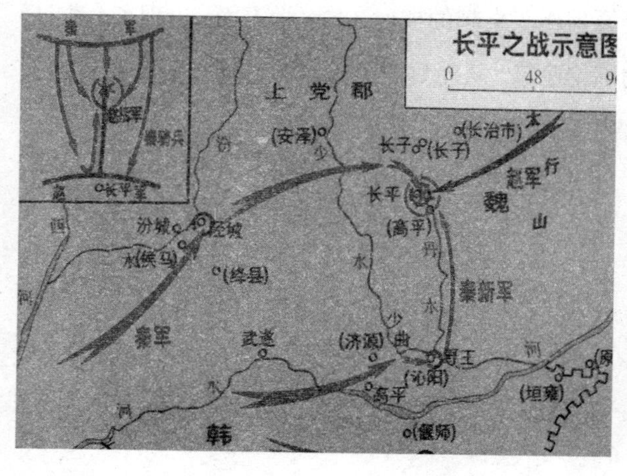

长平之战

我国历史上最早、规模最大的包围歼灭战，发生于最有实力统一中国的秦赵两国，结果赵国遭受了毁灭性的打击，极大地加速了秦国统一中国的进程

之战后，合纵连横又发展成为秦逐一消灭东方六国的统一战争。战争的规模愈来愈大，对社会经济造成的损害、给各国人民带来的灾难也愈演愈烈。但是，这种空前酷烈的战争又有着推动历史前进的“助产士”的作用，它破坏了旧的生产方式，打破了统一的政治、军事障碍，加速了封建化大一统局面的出现。

4. 百家之学竞起

如何看待战国时期的社会变革？用什么样的方式来实现封建制的统一？怎样为统一的封建帝国确立一套统治制度和思想价值观念，以尽快实现这一封建帝国的巩固和安定？针对这些问题，战国时期的思想家们展开了激烈的争鸣。

战国中后期是诸子“百家争鸣”的极盛朝代，儒墨渐成显学，阴阳家、道家、法家、名家、农家蜂起，学者“各著书，言治乱之事，以干世主”，不可胜道。仅《史记》所记，就有孟子作书七篇，邹衍作终始、大圣之篇十余万言，老子著上下篇，慎到著十二论，庄周著书十余万言，荀子列数万言而卒，等等。足见学术活动已由整理转为创作。从战国中期开始，离事言理蔚然成风。渐渐地，“道术将为天下裂”，“好恶殊方”的诸子学终于取代由西周延续下来的一个腔调的贵族学，成为引领社会进步的思想。由于可以不受局限而独立创作，从而使战国的学术园地充满了勃勃生机。“老聃贵柔，孔子贵仁，墨翟贵廉，关尹贵清，子列子贵虚，陈骈贵齐，阳生贵己，孙膑贵势，王廖贵先，儿良贵后”；有的以用言道，有的以欲言道，有的以法言道，有的以势言道，有的以辞言道，有的则以天言道，真可谓百花竞放。从著作的风格看，或严谨，或放论，或明达，或微妙，或深远，或卑近，异彩纷呈。另外，诸子的著作气势磅礴，转折多变，喜欢穿插故事或寓言化深奥为浅显，增强感染力，活泼生动的程度更远非旧籍中的典、谟、誓、诰所能比。可以说诸子学已脱尽了贵族气，正朝民间化的方向发展。没有数量可观且又凝结着各派学者独立思考结晶的私家著作，百家争鸣就无由产生。

这时儒家、道家、法家、阴阳家等流派的界限和各自的传统尽管依然存在，但大多已是你中有我、我中有你，以自己学派的主张为基础，吸收别家之所长，形成了为建立和巩固统一封建帝国服务的各种新的学术思想体系，在分的基础上实现了各自的新综合。其中尤以法家表现最为积极、突出。正如蒙文通所说："韩非集法家之成，更取道家言以为南面之术，而非固荀氏之徒也。"韩非沿着秦晋法家的传统，综合了商鞅的法、申不害的术、慎到的势的观点，又撷取了儒、墨、道各家之说对法家的思想进行整理、加工和理论化，从而成为先秦法家体系的集大成者。

生产力的迅速发展、经济的空前繁荣、社会制度的巨变、政治上的统一趋势、学术思想上的百家争鸣和相互融合，这一切正是荀子所生活的时代的大背景。就在这种"黄昏"中，荀子这头"密纳发的猫头鹰"展开了他思想的翅膀。

三 人之性恶

——以礼治人、以法治国

游学于稷下学宫的荀子，注定了他的学说的多样性、丰富性与批判性。他在儒家的基础上，以开拓的精神、博大的胸怀对先秦诸子百家之学兼收并蓄，建立了自己具有批判、求实、创新的思想学说，其内容之丰富、论述之精辟、思想之深邃，不仅令人赞叹不已，且其学识、哲理、谋略等，无不使后人深受启迪。

1. 人之性恶与为善之道

自从孔子提出“性相近也，习相远也”（《论语·阳货》）之后，关于人性的问题，是中国古代思想史中一直存在争论的重大问题。战国中期孟子提出了“性善论”的问题，引起了关于人性问题的大讨论，当时反对他的就有告子等人，荀子也对孟子的观点极为不满，于是提出了“性恶论”的问题，把人性问题的讨论推到了顶点，两位儒学大师的争论遂一直成为人们研究人性问题争论和讨论的热点之一。

人禽之别

自从达尔文的生存竞争的学说开始流行以来，就有不少人把他的学说用到人类社会，认为人类无非就是要生存，要生存竞争、优胜劣汰，等等。这种观点貌似科学，其实似是而非。我们知道自然界一方面有生存和斗争，而另一方面也存在着合作与和谐。当然，人与禽兽也有相同之处。人是万物之灵长，有生理上求生存、求繁衍的本能要求，由此而有物质生活方面的追求，这是与禽兽相同的。

但更重要的是，这种观点抹杀了人与禽兽的根本区别。中国的传统思想与此不同。儒学和中国传统文化的一个根本出发点是，首先要认识人和禽兽的区别。荀子的人性论思想，首先是从人禽之别的论证开始的。荀子以好利恶害为性，但是任其发展则不能有良好的社会秩序，所以需要礼仪法制来加以规范引导。他说：“人之所以为人，是因为什么呢？因为人能辨别上下、贵贱、长幼、亲疏等等级秩序。饿了想吃，冷了想暖，累了想休息，喜欢得利而讨厌受害，这是人天生就有、不需要学习就具备的本性，是大禹和夏桀都有的人性。这样说来，人之所以为人，不只是因为人长了两只脚，身上没有毛，而是因为人能分辨等级秩序。……禽兽也有父子关系但却没有父子亲情，有雌雄而没有男女之别。所以人类社会的根本在于有各种等级的区别。分辨等级秩序最重要的在于等级名分，等级名分最重要的在于礼，而礼最重要的是制定它的圣王。”“水火有气却没有生命，草木有生命却没有知觉，禽兽有知觉却不讲礼义，人有气、有生命、有知觉，而且讲究礼义，所以人在天下万物中最为尊贵。人的力气不如牛大，奔跑不如马快，但牛、马却被人役使，这是为什么呢？这是因为人能结成社会群体，而它们不能。人为什么能结成社会群体？就是因为有等级名分。等级名分为什么能实行？就是因为有礼义。”所谓群，就是组成社会；辨，就是父子、男女等人伦；人伦中最重要的是分，分就是贫、富、贵、贱的等级差别；规定这种等级区别的就是礼义。这一切是只有人才有的，是人之所以为人的东西，而礼义是其集中的表现。所以，人有礼义，这是人之所以为人的根本，也是人之所以“最为天下贵”的根本。没有了礼义，人就不成其为人，同于禽兽了。“义则不可须臾舍也。为之，人也；舍之，禽兽也。”人之所以为人是在于人有礼义，这一思想与孟子是基本相同的；但荀子不以此为性，孟子则以此为性，这是由孟荀两人对人性和礼义二者的不同认识所决定的。对于人性，孟子以人之所以为人者为人性，荀子则以不可学、不可事者为人性；对于礼义，孟子认为源于天赋的人性，荀子则认为是起于后天人为。正是这两点不同，引出了对礼义是性还是伪的不同意见，也引出了性善还是性恶的不同意见。

人之所以为人，人与禽兽的区别是一个极重要的问题。对人禽之别的认识，是我们思考人生的重要出发点。认识这一点，才认识人的可贵；认识了人的可贵之处在有义，就可以懂得人不能像禽兽一样只求物质生活的满足，而要有人文的、精神的追求，学会做人；而学会做人就是要有精神的追求，重视道德修养，学会正确对待人伦关系，摆脱自然的境界，使自己成为一个有高远理想、崇高道德的真正意义上的人。正是在这样的认识的基础上，发展了儒家的学说。全部儒家学说，就是讲做人道理的学说，而对人禽之别的认识则是它的起点。扩大一点，也可以说，它是我们民族优秀道德传统的思想基础。正是在对人禽之别的自觉认识的基础上，才有对道德的高度重视和对道德精神的大力提倡，才有了我们民族的优秀道德传统。

对人禽之别的这种认识，反映出我们民族文化的一个特点，渗透在传统文化的各个方面。不仅是在儒学经典中，也不仅是在道德、教育等领域，而且在传统的史学、文学中，都渗透着教人做人的精神。就是在民间日常生活中，普通百姓的语言中也可以明显地看到。在中国民间的家教中，总是把堂堂正正做人作为第一位的要求。人们常说，要“先做人，后做事”，对坏人坏事，中国人称之“衣冠禽兽”“禽兽不如”“兽行”。总之，要自觉提高自身的人文修养，摆脱禽兽的境界，堂堂正正做人，这是中国人对待生活的根本态度和追求。

人之性恶与性之伪

荀子关于人性的论述重要的就是提出了一个“性伪之分”的问题。他说：“大凡本性，是天然造就的，是不可能学到的，是不可能人为造作的……人身上不可能学到、不可能人为造作的东西，叫作本性；人身上可以学会、可以通过努力从事而做到的，叫作人为。这就是先天本性和后天人为的区别。”性伪之分，也就是要区分先天的和后天的，先天就有，不可学，不可事的，属于性；后天人为的，可以经过学习、努力而得到的，叫作“伪”。

根据这样的观点，荀子认为：“人之性恶，其善者伪也。”人的本性是恶的，而仁义礼智等善的品德，是后天人为的。他解释说：“人的本性，饿了想吃饱，冷了想穿暖，累了想休息，这些就是人的情欲和本性。人饿了，看见父亲兄长而不敢先吃，这是因为要有所谦让；人累了，看见父亲兄长而不敢要求休息，这是因为要有所代劳。儿子对父亲谦让，弟弟对哥哥谦让；儿子代替父亲操劳，弟弟代替哥哥操劳。这两种德行，都是违反本性而背离情欲的，但却是孝子的原则、礼义的制度。所以依顺情欲本性就不会推辞谦让了，推辞谦让就违背情欲本性了。由此看来，人的本性邪恶就很明显了，他们那些善良的行为则是人为的。”“人的本性，一生下来就有喜欢财利之心，依顺这种人性，所以争抢掠夺就产生而推辞谦让就消失了；一生下来就有妒忌憎恨的心理，依顺这种人性，所以残杀陷害就产生而忠诚守信就消失了；一生下来就有耳朵、眼睛的贪欲，有喜欢音乐、美色的本能，依顺这种人性，所以淫荡混乱就产生而礼义法度就消失了。这样看来，放纵人的本性，依顺人的情欲，就一定会出现争抢掠夺，一定会和违反等级名分、扰乱礼义法度的行为合流，而最终趋向于暴乱。所以一定要有了师长和法度的教化、礼义的引导，然后人们才会从推辞谦让出发，遵守礼法，而最终趋向于安定太平。由此看来，人的本性是邪恶的就很明显了，他们那些善良的行为则是人为的。”

这就揭露了孟子性善论中的一个矛盾：既肯定人性善，又要强调教化的矛盾，也是人性善与现实生活中恶的存在的矛盾。孟子其实也意识到了这个矛盾，所以他说人性善只是可以为善，不是已经做到了善；人若丧失了本心的善性，就会成为恶。荀子从另一个相反的途径来解释这个矛盾，即认为恶的现象是由人的本性带来的，而礼义法正的善则是后天才有的。他说：“笔直的木材不依靠整形器就笔直，因为它的本性就是笔直的。弯曲的木材一定要依靠整形器进行熏蒸矫正然后才能挺直，因为它的本性不直。人的本性邪恶，一定要依靠圣明帝王的治理、礼义的教化，然后才能都从遵守秩序出发、合乎善良的标准。”

荀子对礼义的起源，做了与孟子不同的解释：“礼是在什么情况下产生的呢？回答说：人生来就有欲望；如果想要什么而不能得到，就不能没有追求；如果一味追求而没有个标准限度，就不能不发生争夺；一发生争夺就会有祸乱，一有祸乱就会陷入困境。古代的圣王厌恶祸乱，所以制定了礼义来确定人们的名分，以此来调养人们的欲望、满足人们的要求，使人们的欲望决不会由于物资的原因而得不到满足，物资决不会因为人们的欲望而枯竭，使物资和欲望两者在互相制约中增长。这就是礼的起源。”“自从有了天有了地，就有了上和下的差别；英明的帝王一登上王位，治理国家就有了一定的等级制度。两个同样高贵的人不能互相侍奉，两个同样卑贱的人不能互相役使，这是合乎自然的道理的。如果人们的权势地位相等，而爱好与厌恶又相同，那么由于财物不能满足需要，人们就一定会发生争夺；一发生争夺就一定会混乱，社会混乱就会陷于困境了。古代的圣王痛恨这种混乱，所以制定了礼义来分别他们，使人们有贫穷与富裕、高贵与卑贱的差别，使自己能够凭借这些来全面统治他们，这是统治天下的根本原则。”

孟子把礼义的起源归于心性，荀子则认为礼义是为了解决人们之间在物欲上的相争而制定的；孟子把礼义归之于自然天赋，荀子则从社会的原因来加以解释。荀子的认识显然比孟子前进了一步。既然礼义是后天人为的，那么它也就是“伪”而不是性。“所有的礼义，都产生于圣人的人为努力，而不是原先产生于人的本性……圣人改变了邪恶的本性而做出了人为的努力，人为的努力做出后就产生了礼义，礼义产生后就制定了法度。那么礼义法度这些东西，便是圣人所创制的了。”所以，圣人之所以可贵，他之所以不同于常人，就在于他能化性起伪，制定礼义。“圣人和众人相同而跟众人没有什么不同的地方，是先天的本性；圣人和众人不同而又超过众人的地方，是后天的人为努力。”

总之，人的本性是好利恶害，如果任由人们依其本性去发展，就必定会引起无休止的纷争，导致天下大乱，于是圣人出来制定礼义，规定人们贫富贵贱地位的差别，这样才能建立起一定的社会秩序，达到天下大治。所以他说：“先天的本性，就像是原始的未加工过的木材；后天的人为加工，则表现在礼节仪式的隆重盛大。没有本性，那么人为加工就没有地方施加；没有人为加工，那么本性也不能自行完美……本性和人为的加工改造相结合，天下就治理好了。”

人性的改造

——为善为圣之道

荀子虽认为人性恶，却仍然肯定人人可以为善。他说：“涂之人可以为禹。”（《性恶》）认为行走于路途的普通人都可以成为禹那样的圣人。这与孟子所说“人皆可以为尧舜”又是一致的。既然人性是恶的，顺人之性只会导致争夺、混乱，又为什么途之人也可以为禹呢？荀子解释说：“一般说来，禹之所以成为禹，是因为他能实行仁义法度。既然这样，仁义法度就具有可以了解、可以做到的性质，而路上的普通人，也都具有可以了解仁义法度的资质，都具有可以做到仁义法度的才具；既然这样，他们可以成为禹也就很明显了。”这是说，人在本质上具有可以了解仁义法度，并且实行仁义法度的素质。

荀子又说：“道义和私利，是人们兼有的东西。即使是尧、舜这样的贤君也不能除去民众追求私利的欲望，但是能够使他们对私利的追求敌不过他们对道义的爱好。即使是夏桀、商纣这样的暴君也不能去掉民众对道义的爱好，但是能够使他们对道义的爱好敌不过他们对私利的追求。”义、利两有，实际上也就承认了义也是人性中所固有的一个方面。善和恶的分界就从性伪之分变成了义胜利还是利克义的问题。荀子又说：“大凡人都有一致相同的地方：饿了就想吃，冷了就想暖和些，累了就想休息，喜欢得利而厌恶受害，这是人生来就有的本性，它是无需依靠什么就会这样的，它是禹、桀所相同的……人们可以凭借这些本性和资质去做尧、禹那样的贤君，可以凭借它去做桀、跖那样的坏人，可以凭借它去做工匠，可以凭借它去做农夫、商人，这都在于各人对它的措置以及习俗的积累罢了。……商汤、周武王在，那么天下随之而安定；夏桀、商纣王在，那么天下便跟着混乱。出现这样的情况，难道不是因为人们的性情原来就可以像这样、也可以像那样的吗？”这里又把人可以为尧、禹，可以为桀、跖，与人之好利而恶害同样看作人生而有之的，也就是把可以为善可以为不善也看作了性。所以，为了肯定途之人可以为禹这个结论，即为了肯定人人都可以为善，荀子实际上也不得不承认在人的本性中有着可以为善的方面，有着对善的追求，而并非只有好利恶害，并非只有恶。这是荀子性恶论中的一个矛盾。荀子批评孟子的性善论，揭露了它的矛盾：既然人性都是善的，那么圣王、礼义还有什么用？现在荀子的性恶论也遇到了自己的矛盾：既然人性都是恶的，那么圣人为什么能够制定出礼义法度，人们又为什么能够接受礼义法度呢？这两个矛盾的根源是一个，就是肯定人对善的追求和为善的可能与现实存在的恶之间的矛盾，而无论性善论还是性恶论，都没有能完全解决这个问题。

由于荀子重视客观环境对人性的影响，所以他提倡教育，强调通过后天的学习达到善，这就是学而至善。为此，他专门写了一篇《劝学》，文中有很多名句，如“学不可以已。青，取之于蓝而青于蓝；冰，水为之而寒于水”，“君子博学而日参省乎己，则知明而行无过矣”。这些格言有口皆碑，它激励人们要不断进取，劝诫人们要每天都坚持检查自己的言行，这样才能算真聪明，不致犯错误。这些话，在今天仍然是有益的。

荀子提倡学习要坚持努力，日积月累地提高。他说，积土成山，风雨就从这里发生了；积水成渊，蛟龙就从这里产生了；如果不半步半步地积累，就不能到达千里之远；不汇聚涓涓细流，就不能形成汹涌的大江大河；千里马跳跃一下，不能跨过十步；再劣的马能走完十天的路程，成功就在于不停顿。如果不停地雕刻，再坚硬的金石也可以雕成精美的艺术作品；但雕刻一下就丢到一旁了，即使是腐朽的木头也不能刻断。学习就是这样积少成多，坚持下去，就是一般庶人也可以成为卿相士大夫。

荀子还提倡学习要专一。他举例说，蚯蚓并没有锋利的爪牙，也没有强健的筋骨，但它能够上吃尘土，下饮泉水，就是因为用心专一。相反，螃蟹虽然有八条腿两只螯，但只能居住在黄鳝的洞穴中，不然就没有可寄居之处。为什么呢？因为它内心烦躁，所以尽管有锋利的腿和螯，却不能造出个洞穴来。荀子还说，没有刻苦钻研精神的人，在学习上就不会有显著的成绩；不能埋头苦干的人，在事业上就不能取得巨大的成就。这就如同在歧路上徘徊，不能达到目的地；如同用一心去侍奉两个君主，任何一方都不能容纳一样。这些生动的比喻，至今仍闪耀着光芒，对培养青少年持之以恒、埋头苦干的学习精神，起着巨大的作用。

2. 隆礼与重法的治国理念

荀子生活的时代，中国的社会制度正在发生深刻的变化，通过长时间的兼并战争，剩下秦、齐、楚、韩、赵、魏、燕七个大国。随着社会斗争进一步发展，结束封建称雄割据的条件已经具备，大一统趋势正在出现。荀子的政治思想正是为新兴的社会大统一提供了理论根据。

礼治与法治并行

荀子思想的核心是提倡礼治。“所谓礼，就是高贵的和卑贱的有不同的等级，年长的和年幼的有一定的差别，贫穷的和富裕的、权轻势微的和权重势大的都各有相宜的规定。”把礼看作是封建的伦常关系，贵贱、长幼、贫富、尊卑等各有名分，就是礼的内容。荀子分析了作为国家和政治制度的核心“礼”的起源。他说：“人生下来就有欲求，欲求得不到满足，就不能不去追求，追求起来就没有限量分界了，就不能不发生争夺。争夺就会带来混乱，混乱就会造成贫穷，先王厌恶这种混乱，所以制定了礼义来确定人的名分，在名分内满足人的欲求。”但这种“礼”原本是原始宗法关系的各种等级、道德和礼节仪式规范，荀子对这种“礼”进行了改造，使它适合封建制度的需要，由原始的宗法关系变成封建制的伦常关系，按照当时的政治、道德标准重新确定了封建的等级关系。

荀子认为“礼”是“天下之通义”，只有“少事长，贱事贵，不肖事贤”（《仲尼》），即每个人都在自己的伦理等级内安分守己，才能维护社会的正常秩序。否则，如果社会没有贫富贵贱的差别，就要造成混乱。根据这种等级制的规范，荀子提出应该结束当时诸侯并峙、各自为政、互不统属的分裂割据局面，确立起一个最高的封建统治者——王，各诸侯都要统属于王。荀子曾把统一全国的希望寄托于秦国，赞扬秦国“威强乎汤武，广大乎舜禹”。荀子入秦时，秦宰相范雎问他看到了什么，荀子说，秦国边塞险固，形势便利，山林川谷秀美，资源丰富，有很优越的地理条件。而且，秦国民风淳朴，朝廷政治清明，这样的国家肯定会取胜的。但荀子认为，光有这样的条件还不行，还必须“隆礼义”，使“礼节修乎朝，法则、度量正乎官，忠信爱利形乎下”（《儒效》），即用礼节整顿朝廷，用各种规章制度整顿官府，使百姓养成忠、信、爱、利等道德品质。只有这样，才能实现“天下为一，诸侯为臣”的局面。

为了建立和巩固封建新秩序，荀子还提出，不仅要有礼治，还要有法治。他所说的法，与法家所说的“法”不完全相同，有时指规范，有时指法术，有时也指法制。他既提倡礼义教化，又提倡要有严明的法度，这与法家唯法是尊，以法制为本的思想是有区别的。荀子说，尊崇礼，法制完备，国家就有正常秩序；尚贤任能就使百姓知道方向；

解廌

解廌，也称獬豸，又称任法兽，古代传说中的一种神兽。据说，它能辨别曲直，在审理案件时，它能用角去触理屈的人

集中百姓的议论而不独断专行，百姓就会不怀疑；奖赏勤勉、惩罚懒惰，百姓就会不懈怠；听取各方意见、明察一切事物，就使整个天下归顺了。(《君道》)荀子明确反对“世官世禄”，他说：“古者刑不过罪，爵不逾德，以族论罪，以世举贤。”这里将以族论罪和以世举贤并论，突破了周礼的框框，用法治来充实礼制，体现了新的时代精神，也为儒家思想注入了时代的生命力。将法治引入礼治，而使礼也具有了强制的性质。不过，荀子用法充礼，并不是以法代礼，也没有改变其儒家的基本立场，礼治仍然是其核心。

王道与霸道兼用

在政治思想上，当时主要是儒家和法家两种主张。儒家主张为政以德，以德服人；法家主张以法为教，实行法治。这也是孟子所说的王道和霸道。“王道”主张“以德服人”，“霸道”主张“以力服人”。荀子认为要统一中国，必须实行“王道”；要使国家强盛，则要实行“霸道”。这样既实行德治教化，用仁义争取人心，实现“王道”政治；又实行武力压服，用刑法来进行威慑，实现“霸道”政治，就可以取得天下，并巩固天下。荀子基本上是继承了儒家思想，主张隆礼重教，以礼教为主，但也吸取了法家的思想，主张礼法并施，王霸兼用。荀子说：“统治人民的君主，崇尚礼义、尊重贤人就能称王天下，注重法治、爱护人民就能称霸诸侯，贪图财利、多搞欺诈就会危险。”“义立而王，信立而霸，权谋立而亡。”（《王霸》）这里，他对王和霸都持肯定的态度。隆礼尊贤，义立而王，是他的理想；重法爱民，信立而霸，虽不如王道，却也还是可取的。只有好利多诈，依靠权谋，才必然会导致危亡。他评价春秋五霸说：“德行虽然还没有尽善尽美，道义虽然还没有完全做到，然而天下的事理大体上掌握了，刑罚、奖赏、禁止、许诺在天下已取得了信用，臣下都知道他是可以结交的……他们虽然没有把政治教化作为立国之本，没有达到最崇高的政治境界，没有健全礼仪制度，没有使人心悦诚服，但他们注重方法策略，注意使民众有劳有逸，认真积蓄，加强战备，像牙齿啮合那样，君臣上下互相信任配合，因而天下也就没有人敢抵挡他们了。……这就是我所说的把信用确立了就能称霸诸侯。”虽然他批评五霸在德和义方面还不足，还不是“服人之心”，但他肯定了他们在刑赏上和国与国的交往中能取信于人，并且能注意百姓的劳逸，蓄积财物，整修战备，所以虽然是僻陋之国，却能成就霸业。他把这叫作“信立而霸”。

虽然，荀子主张王霸兼用，但是荀子骨子里还是一个儒家，首要的标准还是要行王道，霸道还是退而求其次的选择。荀子的这种思想对封建社会的影响十分深远。“王道”与“霸道”相比，后者不如前者，他用这种观点来衡量秦国，认为秦国武功强盛，天下畏服，达到了“霸道”的极点。但与“王道”政治相比较，秦国取得的成就还不能算是统一天下的王业。

选贤任能

对贤能之人的选拔，是先秦儒、墨、法各家共同的主张。虽然各家对“贤”的标准有不同的看法，在选贤这一点上却是一致的，都把选贤作为治国的一项重要原则。从先秦儒家来说，孔子说：“举直错诸枉，则民服；举枉错诸直，则民不服。”主张把正直有德的人提拔起来，放到邪曲无德的人之上，这是使百姓服从的重要条件。孟子也主张仁者在位：“是以惟仁者宜在高位，不仁而在高位，是播其恶于众也。”孔孟关于任贤的这些思想，是儒家德治、仁政思想的一个重要部分。荀子也对任贤给予了极大的重视。他说：“使圣人尊贵的君主能称王天下，使贤人尊贵的君主能称霸诸侯，尊敬贤人的君主可以存在下去，怠慢贤人的君主就会灭亡，从古到今都是一样的。”“所以统治人民的君主，爱护人民就会安宁，喜欢士人就会荣耀，这两者一样都没有就会灭亡。”把选贤看作关系国家存亡的大事。

首先，选拔贤能必须有一个客观公正的衡量人才的标准。一是“仁”的标准。在荀子看来，仁的具体标准是：“至于那忠诚正直老实而不伤害人，对待所有的人都这样，这是仁德之人的本质。以忠诚守信为本体，以正直老实为纲纪，以礼义为规范，以伦理法律为原则，稍微说一句话，稍微动一动，都可以成为别人效法的榜样。”即有仁的人以忠诚守信为本质，以正直诚实为准则，以章法制度为规范，以等级统属关系为原则，这样的有德之人，即使是细微的言行，也都可以成为大家学习的典范。二是“知”的标准。至于核定才能的标准，在《正论》篇中，荀子详细阐述了量材的具体标准有三：第一是一般官吏之才，即诚实勤劳，细微的事情都精心计算而不敢遗漏；第二是士大夫和群臣百官的才，即品行端正，遵章守法，谨守职责，可以使制度礼义世代传下去；第三是卿相辅佐之才，即懂得推崇章法礼义、爱护民众、坚守法制、尊贤使能、权衡而决的人。因此“能论官此三材者而无失其次，是谓人主之道也”，能够选择这三种人并且做出恰当的安排，才是管理者的量材用人之道。也就是说，衡量各个不同专业、职位所应具有的才能标准不尽相同，因此要紧密结合实际，根据岗位需求选拔适用的有才之人。

其次，选拔贤能要有一个公平的原则。“贤能不待次而举，罢不能不待须而废”，用人不问出身贵贱，唯问贤能，这体现了用人的公平性；对无德无能之人立即罢免，这体现了用人的唯一性和高效性。也就是说，选拔人才不应局限于原有的职位和职业背景，而应当坚持唯贤能德才为任用标准。用人不偏私，即不看血缘和亲近关系。任人唯亲是君主的通病，荀子则提醒“内不可阿子弟，外不可隐远人”。他还举周文王用太公的例子予以证明，“那周文王，并不是没有皇亲国戚，并不是没有儿子兄弟，并不是没有宠臣亲信，但他却离世脱俗地在别国人之中提拔了姜太公而重用他，这哪里是偏袒他呢？”这是唯贤不唯亲的典型例子。因此，要警惕以私亲关系来选拔人才，要做到一视同仁。用人不以世举贤，即不看世袭先祖的功德。“祖先曾经贤能，后代的子孙就一定显贵，行为即使像夏桀、商纣王一样，位次也一定尊贵，这是根据世系来举用贤人。根据世系举用贤人，即使想没有祸乱，办得到吗？”这里指出不能因为先祖贤良有德，就让其后世因此显达而授官，否则的话国家将会遭到祸乱。

最后，考核人才要有一个合理的原则。在用人问题上，荀子坚持要在实干中考核，就是要用规章制度来考核其是否遵章守法；调换岗位来考察其应变能力；在他身处安逸时，考察其能否保持勤勉不懒散；面临权利诱惑或愤怒危险时，考察其操守品质是否如一。荀子提出这套比较全面考核人才的办法来明辨有才和无才的人，在当时是很有借鉴意义的。同时，荀子认为考察人才要坚持全程，不能只考察一个人的一时一事，要根据工作开始、中间、收尾等阶段的内容要求和标准，来考核这个人能否胜任工作。

综上所述，荀子的人才观坚持任人唯贤，并对人才管理中各个环节的要素予以深入考察。虽然荀子受其时代和目的的制约，不可能从根本上取代现代人事管理思想，但他还是有许多思想精华可以为现代管理选人制度所用，关键在于要透过新的视野把其内在精神实质洞察出来，运用到纷繁复杂、不断变化的现代实际选人制度工作中去。

3. 天人关系

“天人关系”是先秦时期诸子百家论争的主题之一。在荀子之前，曾经占统治地位的观点认为，天是有意志的人格神，主宰自然和人类社会的一切。到了荀子，与儒家内部的思孟学派“物我不分”“天人不二”的思想有所不同，荀子提出要“明于天人之分”（《天论》），在物我之间、天人之间划分出一条界限来，区分物我，严别天人，把“天”当成一个存在于人伦社会之外的客观对象。荀子的“天人关系”论是以“分”为前提的，由“分”而和，由“分”而合，由分而“参”。

天人之分

荀子说：“布列于天空的恒星互相伴随着旋转，太阳、月亮交替照耀，四季轮流控制着节气，阴阳二气大量地化生万物，风雨普遍地施加于万物。……人们都知道阴阳已经生成的万物，却没有人知道它那无形无踪的生成过程，这就叫作天。”在荀子看来，“天”是客观

西汉帛书云气占图

占星术是根据天象来预卜人间事务的一种方术。在原始社会文化发展的早期阶段，由于当时人们的知识水平和生产力都很低，对自然现象中的一些规律没有掌握，于是把人们生活中的吉、凶、祸、福与某些自然现象联系起来

存在的自然，日月星辰的运行、春夏秋冬的变换，风雨普施大地，万物在其中生长，这都是自然界的变化。荀子这样解释天、解释神，没有一点对超自然的意志力量的肯定。这样解释的神，不是神鬼之神，而是“不见其事而见其功”，是神妙之神；是对自然力的赞美，而不是对超自然的神怪的崇拜。它们都同属于物质世界，即所谓“万物同宇而异体”（《富国》）。“上天并不因为人们厌恶寒冷就取消冬季，大地并不因为人们厌恶辽远就废除宽广”，“天行有常，不为尧存，不为桀亡”(《天论》)。荀子把一向被人们当作神来崇拜的“天”，当作按照自身规律不断运动变化着的自然。他认为自然界中各种怪异现象亘古有之，都是天地、阴阳矛盾运动的表现，没有什么可奇怪的。由此出发，荀子反对用祭祀来求雨解旱，反对“卜筮然后决大事”(《天论》）。拜神求雨之后下了雨，和没有进行求雨活动就下雨没有什么不同。求雨、卜筮等，其实并不是真正想有什么效果，而只是为了掩饰。这是对卜筮、求神活动的虚妄性的揭露和否定。特别是他说“君子以为文，而百姓以为神。以为文则吉，以为神则凶”，更是深刻而发人深思。

制天命而用之

荀子天人之分思想的精髓，就在于他充分肯定了人的独立地位和作用。他说：“大天而思之，孰与物畜而制之？从天而颂之，孰与制天命而用之？……故错人而思天，则失万物之情。”（《天论》）这就是他“制天命而用之”的思想。意思是说，推崇天的伟大而思慕它，怎么比得上把天当作物来畜养而控制它；顺从天而颂扬它，怎么比得上驾驭自然变化的规律而利用它。结论就是：放弃了人的努力而去想关于天的问题，就失去了万物的实情。这段话，反映出人在自然面前的积极主动的精神，既不畏惧天命，屈从于天，丧失了人的独立性；也不靠天吃饭，依赖于天，在自然面前消极被动；而是以独立的姿态发挥人的能动性，与天地相参，使自然为人所用，充满了利用自然、改造自然的信心。

不过，荀子的思想又有另一面。在“明天人之分”的基础上，他又提出“不与天争职”，“唯圣人为不求知天”。他说：“不为而成，不求而得，夫是之谓天职……天有其时，地有其财，人有其治，夫是之谓能参。”对于“不为而成，不求而得”的“天职”，也就是自然的变化，尽管其中的道理精深广大，人也不去思考探究。这就叫不与天争职。人的职责是治理好人事，丢掉了人在与天地相参中所应做的事，而去追求天地变化的道理，就是不明事理。他又说：“唯圣人为不求知天。”“故大巧在所不为，大智在所不虑……官人守天而自为守道也。”就是说不求知天，对于天，只是要认识那能预示节气气候变化的天象；对于地，只是要认识它能够使动植物繁殖生息的条件；对于四时，只是要认识春夏秋冬四时对作物生长的影响而可以按时作

刻辞卜骨

中国最原始的书。起源于3000多年前的殷代后期。用刀把文字刻在龟甲和兽骨上面，用以记载占卜吉凶事件

业，获取丰收，可以按此道理去治理。所以，要由专门的官吏来观察天象，而圣人自己则应该守道，掌握怎样治理的原则。所以荀子又说："像这样，就是明白了自己应该做的事和自己不应该做的事了，天地就能被利用而万物就能被操纵了，他的行动就能处处有条理，他的保养就能处处恰当，他的生命就能不受伤害，这就叫作了解了天。"可见，荀子的"制天命而用之"，主要只是限于根据自然界已经显现的规律性去做好人事，以利用自然为人类服务。做到了这些，也就是"知天"了。至于自然界的奥秘，那不见形迹的天地运行的所以然之道，荀子并不去探索，而且认为人们不应该去探索。他把这种探索称之为"与天争职"，而人的职责在他看来只是在于做好人事。所以荀子说："君子对于天地万物，不致力于解说它们形成的原因而能做到很好地利用其材。"这也是儒家共有的一个基本态度。荀子明天人之分，在彻底摆脱天命思想这一点上，突破了孔孟的局限，大大前进了一步。但在重人事、轻自然、忽视对自然的探索这一基本点上，仍是固守着儒家的基本立场。

4."虚一而静"的认识论

关于认识论的问题，先秦诸子百家都有过一些讨论，其中荀子的研究成果最为系统且最具有科学认识论的特色。

人之所蔽与解蔽

荀子的认识论的一个重要论点是，反对认识过程中的片面性和主观性。他认为，当时各家学说的共同缺点在于只见到问题的一个方面，因此都不能得到真理。他作有《解蔽》专门讨论这个问题。《解蔽》篇开始就说："凡人之患，蔽于一曲而暗于大理。"一曲就是局部，大理就是全面。很多人往往都不知道全面地看问题。他们只片面地看问题，只看见局部，看不见全体；只看见树木，看不见森林。并且他们坚持自己的看法，不容纳异己的意见。这样，他们当然要"蔽于一曲而失正求"（《解蔽》）。

荀子接着说："什么东西会造成蒙蔽？爱好会造成蒙蔽，憎恶也会造成蒙蔽……只了解古代会造成蒙蔽，只知道现在也会造成蒙蔽。大凡事物有不同的对立面的，无不会交互造成蒙蔽，这是思想方法上一个普遍的祸害啊。”“凡万物异则莫不相为蔽”，这句话触及到一个辩证法的真理：事物之间的每一个差异，都因这个差异而构成一对矛盾的对立面。人在认识这对矛盾的时候，往往都只看见矛盾的一方而看不见其对立的一方。荀子所举的“欲”“恶”，“始”“终”等都是矛盾着的对立面。他指出，客观的事物是复杂的，人所欲的利跟人所恶的害经常是联系在一起的，就是说没有绝对纯粹的东西，因一个东西有利而取它，可是它并不是纯粹可欲的东西；因一个东西有害而去它，可是它也并不是纯粹可恶的东西。因此人对于事物的认识必须全面。如果只见一事的可欲而不见其可恶，只见其利而不见其害，那就是“偏”。他说“凡人之害，偏伤之也”，偏就是片面性，认识有片面性，就必然为其所“蔽”。

“虚一而静”的认识论

荀子说：“人何以知道？曰：心。心何以知？曰虚一而静。”“道”是客观的，人要掌握它，还须依靠“心”的作用。荀子说：“何谓衡？曰：道。故心不可以不知道。”就是说：“心”所做的判断必须以“道”为根据。如果心不知“道”，它就会作出错误的判断，以本来合乎“道”的为不可，以本来不合乎“道”的为可。这就要陷入错误。“虚一而静”就是“心”知“道”的必要条件。

“心从来没有不储藏信息的时候，但却有所谓虚；心从来没有不彼此兼顾的时候，但却有所谓专；心从来没有不活动的时候，但却有所谓静。”人有认识，就有记忆，就会把认识到的东西存在心中，这就是“臧”，不因为已有的认识妨碍接受新的知识，这就叫作“虚”。人有认识，就能认识事物的差异，就能同时认识不同的事物，这就是“两”，不因为对那一事物的认识妨碍对这一事物的认识，就叫作“一”。人睡觉时会做梦，松懈时会胡思乱想，工作时会思考，所以人心总是在动，不因为梦想和胡思乱想干扰自己的认识，就叫作“静”。“虚一而静”，这是针对主观认识上容易出现的问题而提出的。荀子说，做到了虚一而静，就叫作“大清明”，就不会再有蔽于一曲的情形发生了。

荀子认为，如果心能保持这种“大清明”的状态，就可以认识事物全面的情况，而不为片面所“蔽”。荀子的认识论的这些论点，大部分都是正确的，他的《解蔽》篇集中地讨论了真理性质问题，实际上是从认识论的角度，对当时的“百家争鸣”作了一个总结。因此，他的认识论更多地带有唯理论的倾向。

四 千年学问

——『两千年之学皆荀学也』

谭嗣同在其《仁学·二十九》中说过一段话："二千年来之学，荀学也，皆乡愿也。"可能谭嗣同的原意是想批评荀子，但是另一方面，我们从侧面也可以看出荀子对于两千年来中国传统文化的影响。荀子是先秦诸子中最后一位大师，他集百家之大成，形成独特的荀学。他的老师是谁？传人又是谁？这是多年来学者们所探求的问题。

1. 宗师圣门

——受子夏“西河之学”

我们知道，荀子生活在战国的晚期，此时的学术十分繁荣，各家各派都在竞相争夺话语权。荀子的思想来源极其广泛，其具体的师承关系已不可考，但其受子夏“西河之学”的影响是有迹可寻的。

孔子死后，子夏开启了三晋儒学的先河。在孔门弟子中，子夏是为数不多的几个对“六经”皆有修养的弟子之一。西河之学成员众多，声势甚大，儒学始在三晋大地上流行开来。从曾子指责子夏的三条罪状之一，即西河之民疑子夏为孔子，就可看出当年西河之学的规模和气势。荀子是赵国郇邑人，这与子夏晚年设教的西河相距不远，且荀子活动的年代距子夏活动的年代为时不远。荀子在去齐之前就生活在西河之学的影响圈内，不可能不受其影响。荀子学说中不少内容吸收了商鞅的学说。商鞅是吴起的学生，而吴起又是子夏的学生，由此也可窥见子夏对荀子的影响。《韩非子·显学》篇记载，“儒分为八”，但没有子夏之儒。郭沫若《十批判书》中有《儒家八派批判》，认为还应有子夏氏之儒，只因韩非承认法家出于子夏,也就是自己的宗师,所以把他从儒家中剔除了。

2. 师从宋钘与淳于髡

《荀子》书中屡称宋钘为“子宋子”或“宋子”，这至少可以说明荀子曾经师从过宋钘。有人不同意这种看法，认为荀子和宋钘没有师承关系，其根据是荀子责难过宋钘，不满意宋钘的观点。荀子责难过宋钘，不满意宋钘的观点，这是事实，但是不能因此而否定他们的师承关系。责难、论辩是当时的风气。诸子们把它看成获得学问的途径，所以他们不怕责难和争辩，邹衍对此曾总结说：“胜者不失其所守，不胜者得其所求。若是，故辩可为也。”其意是说，论辩获胜了，固然说明其学说正确，被驳倒者，也会从对方得到自己所追求的学说。学生责难老师的事例是司空见惯的。郭沫若在《十批判书》中也认定荀子 15 岁游学于齐，当在齐宣王末年，曾经听过宋钘讲学，但没有进一步论证。我们认为荀子的思想深受宋钘治学思想的影响。荀子思想的最大特点是兼采各家、剌取诸说，宋钘的思想也是如此。宋钘善于博采各家之长，正如司马迁所说的“采儒墨之善，撮名法之要”。这正反映了宋钘将百家之学相互杂糅、相互融合的趋势。看来荀子剌

邹衍辩论
济南泉城广场的齐鲁文化长廊浮雕群《圣贤史迹图》中的一幅

取诸说、综合百家正是师从于宋钘。

除宋钘外，我们认为淳于髡也是荀子的直接老师。淳于髡是齐国人，大约生于公元前 366 年。荀子 15 岁游学齐国稷下学宫时，也应当听过他的讲学，而且听讲的时间不算短。司马迁特别指出这一点：荀子同“淳于髡久与处”。司马迁肯定荀子和淳于髡“久与处”，是从时间上表明了荀子和淳于髡的师承关系。荀子对老师的选择是很严格的。司马迁说“邹衍之术迂大而闳辩，奭也文具难施”，当荀子觉得邹奭、邹衍不符合自己的择师标准时，找到淳于髡为师，这是很自然的。正由于荀子长期在淳于髡身边，得到谆谆教诲，使得荀子“时有得善言”。

3. 得意门生
——李斯与韩非

荀子有两个十分著名的学生，一个叫韩非，一个叫李斯。前者是先秦一位重要的思想家，后者则成了秦帝国最重要的一位高级官员。

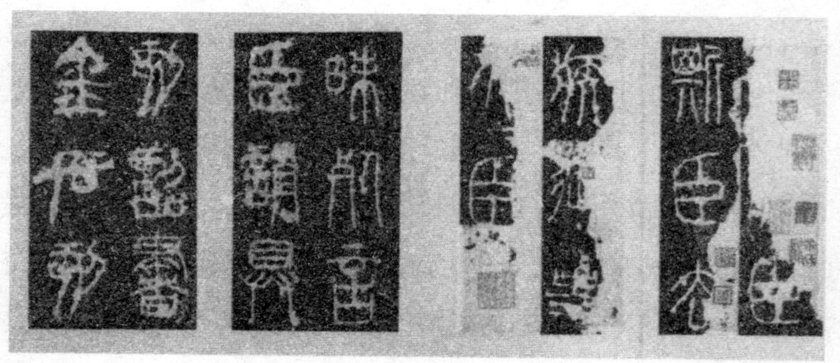

泰山刻石封禅

公元前219年，秦始皇第二次东巡时登临泰山，举行封禅大典，勒石颂德。刻辞书体相传为李斯手书，是秦代的重要文献，传世拓本以北宋拓本最全，此为明拓本

生为韩王室之公子的韩非，本身不是儒家，而是法家，或是法家思想的集大成者。韩非思想与道家或黄老之学又有相当紧密的联系。据《史记·老子韩非列传》的记载：“韩非者，韩之诸公子也，喜刑名法术之学，而其归本于黄老。非为人口吃，不能道说，而善著书。”但作为荀子的学生，韩非应该也受到了儒家的影响，甚至还发展了儒家的某些思想。有的学者相信，儒家只有五伦或人伦，没有三纲。三纲秩序被认为是法家的理论，尤其被看作是韩非的思想。这当然是因为《韩非子》曾经提出：“臣事君，子事父，妻事夫。三者顺则天下治，三者逆则天下乱。此天下之常道也，明王贤臣而弗易也。”

《韩非子》

《韩非子》现存 55 篇，十余万言，重点宣扬韩非法、术、势相结合的法治理论，达到了先秦法家理论的最高峰，为秦统一六国提供了理论武器，同时，也为以后的封建专制制度提供了理论根据

与创造思想的韩非不同，荀子的另一学生李斯，似乎更适合于直接参与政治。战国时期的布衣卿相之局，似乎到了李斯的手里，才达到了可能达到的最高境界。这位本身属于士人的布衣，不是游宦或只在某一诸侯国做官，而是成功地成为中国历史上最早建立的统一帝国的一位丞相。李斯本为楚上蔡人，曾做过“郡小吏”，后从荀子学习帝王之术。学成之后，打算入秦寻找发展机会。《史记·李斯列传》记载，他辞别荀子时，这样表达了自己的政治抱负：“今秦王欲吞天下，称帝而治，此布衣驰骛之时而游说者之秋也。……久处卑贱之位，困苦之地，非世而恶利，自托于无为，此非士之情也。故斯将西说秦王矣。”

入秦之后的李斯，很快成为秦王嬴政的一名客卿。大致在秦王政十

秦始皇陵

秦始皇陵位于陕西临潼东骊山脚下。秦始皇 13 岁即位时就开始营建陵园，由丞相李斯主持规划设计，大将章邯监工，修筑时间长达 38 年，工程之浩大、气魄之宏伟，创历代封建统治者奢侈厚葬之先例

年（公元前 237 年），秦宗室大臣要求秦王驱逐客卿。李斯不是什么思想家，却有一篇著名的《谏逐客书》，阻止了秦国的逐客行动。根据记载，秦王和李斯都因此取得了巨大的成功。“秦王乃除逐客之令，复李斯官，卒用其计谋。官至廷尉。二十余年，竟并天下，尊王为皇帝，以斯为丞相。”在此之前，韩非也曾入秦，但被李斯等人陷害至死。此后，官至丞相的李斯本人，也被秦二世所杀。尽管荀子的两个学生都被他人所杀，尽管他们的思想和行动只是当时整个变迁的一个组成部分，但是在当时的变迁即在先秦到秦汉的政治进程中，他们显然都是非常关键的人物。

总之，荀子本人无疑属于先秦的最后一位儒家。他上承孔孟，下启汉儒，被一些学者看作中国思想史从先秦到汉代的一个关键。李泽厚认为，没有荀子，就没有汉儒；没有汉儒，就很难想象中国文化会是什么样子。

五　荀子对百家之学的总结

先秦诸子个个自以为是，不管暗地里如何，表面上对他人的学说一概嗤之以鼻，当作攻击的靶子。孟子即是如此，还声称自己攻击辩难其他学派是迫不得已之事。荀子则不然，他对诸子百家具有强烈的批判意识，明确说，“君子必辩”。荀子30余岁在稷下任“祭酒”后，有机会更多地接触诸子百家的学说及其代表人物。在任“祭酒”的讲学过程中，当时有影响力的思想家差不多都受到过他的评论、指责和批判，但同时，他对百家之学也有所继承和综合。正是在不断批判和吸收过程中，渐渐形成了一个崭新的学派——荀学。郭沫若先生指出，荀子是先秦诸子的最后一位大师，集百家之成，融会贯通百家之学，堪称杂家之祖。在荀子的学说思想里，可以明显看出百家的影响。

对儒门内部的批评

在先秦各个学派中，荀子唯一肯定的就是儒学，唯一推崇的思想家是孔子和子弓，称他们是“天不能死，地不能埋，桀、跖之世不能污”的大儒。但是荀子对同为儒门内部学者的批判十分激烈，子张学派衣冠不整，言谈粗俗，模仿禹舜却不知礼义；子夏学派虽衣冠整齐，面貌严肃，看起来合乎礼义，实际上并非如此；而子游学派则堕落成为毫无政治理想和道德操守、抛弃礼义而追求个人享乐境地的贱儒；对子思、孟轲，荀子更是言辞激烈，认为他们不知纠时弊、治当世，愤然以“瞀儒”论之。

对以墨子为代表的墨家的评价

在先秦，墨家差不多是仅次于儒家的显学。《淮南子·要略》说：“墨子学儒者之业，受孔子之术……故背周道而用夏政。”墨子出自

《墨子》

清光绪湖北崇文书局刻本。《墨子》共有53篇，大部分内容是墨翟的弟子或再传弟子记述墨翟言行的集录

儒门而别创一宗，其学说与儒学针锋相对：儒家主“尊尊”，他就倡“兼爱”；儒家重“义”，他就尚“利”；儒家讲究礼乐文饰，他就宣扬“非礼”“非乐”。对于来自墨子及其所创墨家的这种系统挑战，荀子以儒家正宗卫道者的身份给予全面回击。他批评墨子“有见于齐，无见于畸”，认为一个社会必须有上下等差、尊卑贵贱，否则就不能建立起统治与被统治的关系。如果君、民平等，那么，君主就没有威势，而“不威则罚不行”，“有齐而无畸，则政令不施”。他又批评墨子“蔽于用而不知文”，认为等差要靠“礼”来分别，百姓要靠“乐”来和齐，而礼乐又要通过财物来体现，而不使用财物则无礼乐，没有礼乐则天下就会陷于贫穷混乱，故其“以墨子之非乐也，则使天下乱；墨子之节用也，则使天下贫”。

对以老、庄为代表的道家的评价

先秦道家的天道观、辩证法和人生观均极富特色，取得了很高的理论成就。荀子吸收老、庄自然天道观，提出了“天行有常，不为尧存，不为桀亡”的天道无为思想，否定了主宰之天、意志之天的存在。他还借鉴了道家的君人南面之术，主张君道无为，认为“大巧在所不为，大智在所不虑”，君主不应在具体事务上与臣下争强逞能，而应知人善任，垂裳而治。这些都具有明显

《老子骑牛图》
明代画家张路画。老子，又称老聃、李耳，是我国古代伟大的哲学家和思想家，道家学派创始人。后被封为太上老君，世界文化名人，世界百位历史名人之一，存世有《道德经》

的老、庄道家痕迹。与此同时，荀子批评老子柔弱退缩，缺乏刚健有为的积极进取精神，说："老子有见于诎，无见于信。"并批评庄子因任自然而忽视人的主观能力，放弃了人应尽的社会责任，指出"庄子蔽于天而不知人"。荀子反对"错人而思天"，提出"制天命而用之"的光辉命题，坚持着儒家的基本思想立场，而与老、庄道家划清了界限。

对先秦法家的评价

在先秦儒家中，荀子最重视刑法政令的作用，认为"法者，治之端"，主张"众庶百姓则必以法数制之"。这显然是受了法家思想的影响。但他同时否定了法家单纯以法刑政令治国的理论倾向，批评慎到："推崇法治但又没有个法度，卑视贤能的人而喜欢另搞一套，上则听从君主，下则依从世俗，整天谈论制定礼义法典，但反复考察这些典制，就会发现它们迂远得没有一个最终的着落点，不可以用来治理国家、确定名分。"又讥评说："慎子蔽于法而不知贤，申子蔽于势而不知知。"荀子认为，治国固然需要法，但更需要人，因为法是要靠人来制定、执行和维护的，故而"有治人，无治法"，人治无疑重于乃至胜于法治。更重要的是制定和执行法律时，必须以礼义为根本性原则。法只是治之数，礼才是治之本；法以礼为纲纪，礼以法为补充。"治之经，礼与刑"，两者必须有机结合起来。

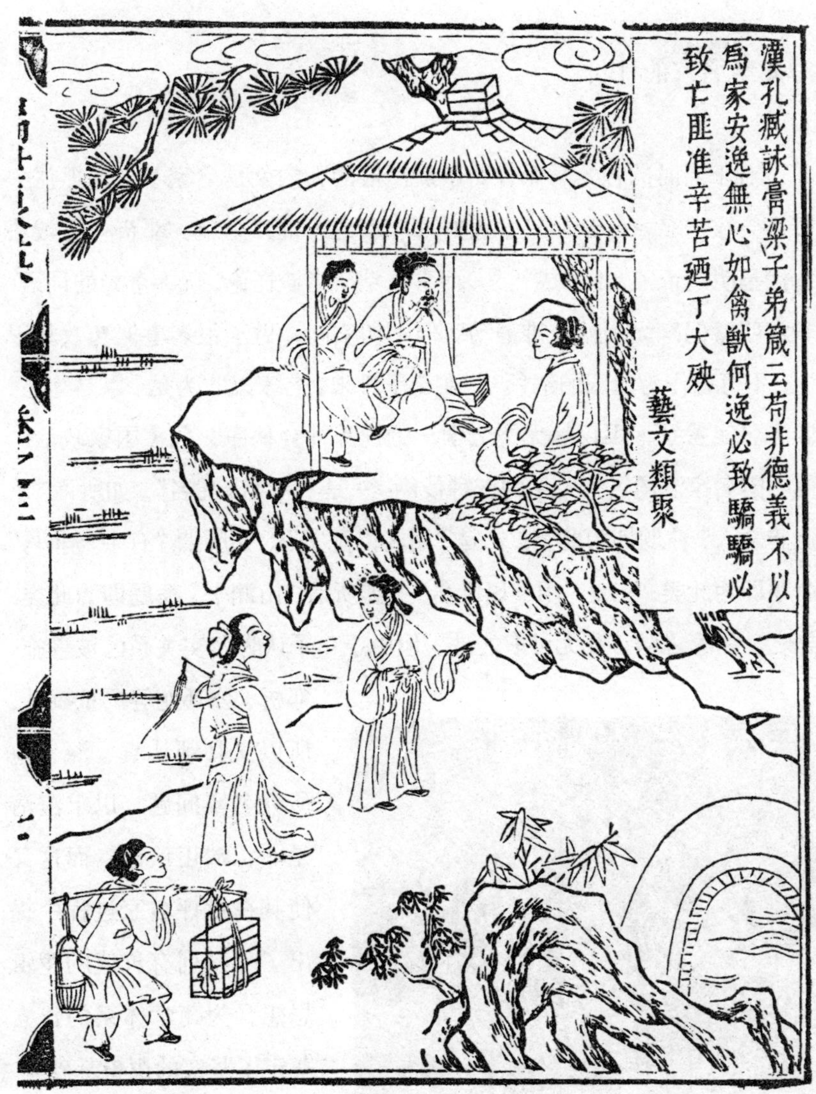

孔臧箴诫膏粱子弟

出自《瑞世良英》卷三《艺文类聚》。孔臧，孔子十一代孙。西汉文帝时嗣蓼侯，迁博士，拜太常，历位九卿。孔臧以箴言告诫贵族子弟，如果不以礼法治国，如何有富足安逸的生活？如果没有野心，那和禽兽又有什么区别？如果连治理国家都嫌辛苦的话，那连平民都跟着遭殃啊

对先秦名家的评价

对于当时的各个学派，荀子最愤恨的大约就是名家了。他抓住一切机会攻击名家，指斥其学为奸言、邪说，批评惠施、邓析“不效法古代圣明的帝王，不赞成礼义，而喜欢钻研奇谈怪论，玩弄奇异的词语，非常明察但毫无用处，雄辩动听但不切实际，做了很多事但功效却很少，不可以作为治国的纲领”。在荀子看来，名家以非为是、以是为非，混淆名实关系，不仅是无益之学，更扰乱社会秩序，危害国家政治。他揭露名家混淆名实关系的三种伎俩：一是“用名以乱名”，如所谓“杀盗非杀人”命题即为此类；二是“用名以乱实”，如所谓“有牛马非马”命题即为此类；三是“用实以乱名”，如所谓“山渊平”命题即为此类。总之，名家之学，几无可取之处。但由于荀子认为名实关系已被惠施、邓析、公孙龙等严重搞乱，所以又必须认真、深入地研究名实问题，以求澄清是非，端正认识。而这又使其在批评名家过程中提出了一系列有价值的逻辑思想，为荀学体系的建立奠定了坚实的逻辑基础。

传说中邓析发明的桔槔

桔槔是春秋时利用杠杆原理制成的汲水工具。邓析（公元前 545 ～前 501 年），河南新郑人，郑国大夫，春秋末期思想家，“名辨之学”倡始人。与子产同时，名家学派的先驱人物

可以说，荀子的学术评价是从学术理论层面入手，立足于是否有利于王道政治的实行和国家天下

的治理与安定展开的，其目的是为了替大一统国家设计方略和制度，不符合这个标准的都会遭到他的驳斥。他认为诸子之说均是姑妄之言，不能成为称王天下的政治理论依据。

但荀子对诸子的批判，有其鲜明的时代背景，即他对所处时代社会秩序的混乱感到困惑，但又找不到可靠的解决办法，而夏、商、周三代统一稳定的社会秩序给了他一种启示：思想的统一似乎是这种秩序形成的前提条件。因而，在他的思想体系建构中，蕴含着一种追求统一意识形态的趋向。

荀子在比较了诸家学说之后，也给出了答案，这就是他极力推崇的由孔子、子弓所提倡的上古圣贤之道。在荀子看来，诸子学说中，唯“孔子仁知且不蔽故学乱术，足以为先王者也”（《解蔽》）。“当今讲究仁德的人该致力于什么呢？上应师法舜、禹的政治制度，下应师法仲尼、子弓的道义，以求消除上述 12 个人的学说。这样的话，那么天下的祸害除去了，仁人的任务就完成了，圣明帝王的事迹也就彰明了。”

荀子还认为对待那些思想异端，就应该像孔子诛少正卯那样坚决打击，寓有借学术批评树立学术正统的深意。这不仅开了韩非取缔《诗》《书》和先王之言的先河，无意间也充当了秦始皇思想文化统一、汉武帝“罢黜百家”的理论先导。

图书在版编目（CIP）数据

直道而行：孟子和荀子 / 张城著. —郑州：中州古籍出版社，2014.11（2018.7 重印）
（华夏文库）
ISBN 978-7-5348-5010-3

Ⅰ. ①直… Ⅱ. ①张… Ⅲ. ①孟轲（前 372 ~ 前 289）- 人物研究②荀况（前 3 13 ~ 前 238）- 人物研究 Ⅳ. ① B222.55 ② B222.65

中国版本图书馆 CIP 数据核字（2014）第 245661 号

华夏文库 · 儒学书系
直道而行：孟子和荀子

总 策 划　耿相新　郭孟良
责任编辑　闵世勇
责任校对　李接力
封面设计　新海岸设计中心
版式设计　曾晶晶
美术编辑　曾晶晶
责任印制　刘新毅
项目统筹　单占生　萧　红（执行）

出　版　中州古籍出版社
地址：河南省郑州市经五路 66 号
邮编：450002
电话：0371-65788693
经　销　新华书店
印　刷　天津兴湘印务有限公司
版　次　2014 年 11 月第 1 版
印　次　2018 年 7 月第 2 次印刷
开　本　960 毫米 × 640 毫米　1 / 1 6
印　张　7.75 印张
字　数　60 千字
定　价　38.00 元